Cally Stronk / Steffen Herzberg

Romy, Julian und der Superverstärker

Cally Stronk / Steffen Herzberg
mit Bildern von Catharina Westphal

Romy, Julian und der Superverstärker

Bildnachweis:
S. 131: MEV; S. 137 rechts: Novaled; S. 141: car2car; S. 145: Masdar; S. 153: panthermedia;
S. 111, S. 119, S. 123, S. 127, S. 135, S. 137 links, S. 153 unten, S. 157: Fraunhofer-Gesellschaft

1. Auflage 2011

© Klett MINT GmbH, Stuttgart, 2011

Autoren: Cally Stronk/Steffen Herzberg
Mit Cover- und Innenillustrationen von Catharina Westphal
Gestaltung & Satz: Katharina Frerichs, Satzkiste GmbH
Druck & Bindung: Westermann Druck Zwickau GmbH

Konzeptidee: Fraunhofer, Presse- und Öffentlichkeitsarbeit, Ltg. Franz Miller
Gesamtprojektleitung Fraunhofer: Michaela Müller, Beate Koch
Projektmanagement: Klett MINT GmbH, Petra Sonnenfroh-Kost, Marina Deiß

ISBN 978-3-942406-13-0

Inhalt

Romy und Julians Eltern sind Wissenschaftler. Sie haben viele Freunde und Bekannte, die auch Forscher sind. Wenn Romy und Julian wissen wollen, wie etwas genau funktioniert, schreiben Sie eine E-Mail an einen Wissenschaftler. Die Antworten, bei denen auch Experimente und Bilder im Anhang sind, sammeln die beiden in ihrem Infoarchiv. Mit blauer Tinte haben sie Notizen ins Buch geschrieben, wo du die Mails findest.

Liebe Kinder,

wir freuen uns, dass ihr, liebe Kinder, dieses Buch in Händen haltet. Das zeigt, dass ihr schon einiges gemeinsam habt mit unseren Forscherinnen und Forschern bei Fraunhofer: Ihr seid neugierig! Sicher interessiert euch deshalb auch, was uns bewogen hat, ein Kinderbuch herauszubringen – für eine Forschungsorganisation ein ungewöhnlicher Weg und für uns bei Fraunhofer eine bisher unbekannte Erfahrung. Mussten wir uns doch eine spannende Abenteuergeschichte ausdenken und mit Kinderbuchautoren und -Illustratoren zusammenarbeiten. Warum haben wir uns auf dieses Neuland vorgewagt? Unsere Forscher und Ingenieure helfen mit, die Welt von morgen zu gestalten. Doch Forschung braucht Nachwuchs, braucht immer wieder Jungen und Mädchen, die natur- und ingenieurwissenschaftliche Fächer studieren – zurzeit sind das zu wenige. Wollen wir Kinder für Forschung und Technik begeistern, müssen wir schon sehr früh anfangen, beim Abitur ist es zu spät. Das haben uns Pädagogen geraten. Vor allem aber haben sie uns empfohlen, die Faszination Forschung in spannende Geschichten, Spiele und Experimente einzubinden. Dann könnten wir die Kinder am besten mit unserer Begeisterung anstecken und den »Forscher-Virus« weitergeben. Ganz nach dem Motto: Die Kinder von heute – sind die Forscher von morgen.

Die Idee war, das Buch so zu gestalten, dass ihr darin schmökern und die Experimente nachmachen könnt. Wenn ihr jüngere Geschwister habt, dann könnt ihr ihnen vorlesen, gemeinsam im Infoarchiv auf die Suche gehen und herausfinden, wie eine Solarzelle funktioniert, wie Häuser intelligent werden oder Autos miteinander sprechen.

So wie Romy und Julian sich durch nichts beirren lassen, den Diebstahl des Supersonic aufzuklären, heißt es auch für Forscherinnen und Forscher: beharrlich bleiben, sich nicht vom Ziel abbringen lassen, Hindernisse aus dem Weg räumen und Lösungen suchen, wo andere aufgeben.

Denn, in einem Land ohne Rohstoffe ist euer Forschergeist, liebe Kinder, das beste und wichtigste Kapital.

Ich wünsche euch allen gute Unterhaltung, viel Vergnügen und viele neue Ideen für die Zukunft.

Euer Hans-Jörg Bullinger

Das bin ich:

Romy
Vorname

Lohse
Nachname

keinen
Spitzname

11
Alter

140 cm
Größe

blond
Haarfarbe

braun
Augenfarbe

Lesen, Reiten, Fußball, Abenteuer
Hobbies

Nudeln mit Tofu-Tomatensauce, Vanilleeis mit heißen Himbeeren
Lieblingsessen

Pferde, Hunde, Katzen, Vögel, Känguruhs, Zebras, Löwen, Mäuse, Lammas,
Lieblingstier(e)   Okapis , Giraffen, Elefanten, Delfine, Schildkröten

orange
Lieblingsfarbe

Ingenieurin
Berufswunsch

Das bin ich:

Julian
Mein Vorname

Zimatschek
Mein Nachname

Juli (mag ich aber nicht!)
Mein Spitzname

10 bald 11	139 cm	braun	blau
Alter	Größe	Haarfarbe	Augenfarbe

Fußball, Computer, Experimente machen
Hobbies

Pizza und Pommes
Lieblingsessen

Roberta! (Auch wenn es kein richtiges Tier ist)
Lieblingstier(e)

bunt
Lieblingsfarbe

Forscher oder Fußballspieler
Berufswunsch

Das bin ich:

Und wer bist du?

_____
Mein Vorname

_____
Mein Nachname

_____
Mein Spitzname

_____   _____   _____   _____
Alter   Größe   Haarfarbe   Augenfarbe

_____
Hobbies

_____
Lieblingsessen

_____
Lieblingstier(e)

_____
Lieblingsfarbe

_____
Berufswunsch

Noch mehr Freundschaftsseiten findest du ab Seite 162

Kapitel 1

Sauer macht lustig

Herr Rosalli stand hinter seinem Tresen direkt neben der Kasse. Irgendwie war er immer dort, egal wann Romy an dem kleinen Obst- und Gemüseladen vorbei kam.

»Hallöchen!«, begrüßte er sie, als sie vor die Auslagen trat. »Was darf's denn heute sein?«

Wortlos und heftig schmollend gab Romy ihm den Einkaufszettel ihrer Mutter. Gleich würde sie mit Sack und Pack von hier wegziehen müssen …

Herr Rosalli suchte Stück für Stück zusammen und reichte ihr eine gefüllte Papiertüte über den Ladentisch. Romy gab ihm einen 20-Euro-Schein. »Ach komm schon Romy, zieh nicht so ein Gesicht! Ich habe dir ein paar Zitronen extra eingepackt,« sagte er, während er das Restgeld heraussuchte. »Sauer macht ja lustig – wie es so schön heißt.« Er zwinkerte ihr zu. »Und grüß deine Eltern von mir, wenn du wieder mit ihnen sprichst!«

Romy konnte sich ein kurzes Lächeln nicht verkneifen, setzte aber blitzschnell wieder ihr gut einstudiertes Schmollgesicht auf, das sie schon seit Tagen mit sich herumtrug. Herr Rosalli winkte ihr hinterher, als sie durch die Tür stürmte.

Katharina Lohse, Romys Mutter, wartete im Wagen. Sie saß am Steuer und hing am Telefon. »Was auch sonst?«, dachte Romy – ihre Mutter hatte schließlich früher selbst solche Dinger entworfen. Bestimmt ging es um das neue Haus oder den Job oder irgendetwas in der Art. Als sie Romy sah, winkte sie und deutete auf ihre Uhr. Romy schwang sich genervt auf den Rücksitz und warf die Tüte auf den Sitz neben sich.

Sie würdigte ihre Mutter keines Blickes und schnallte sich an. Mit einem »Ja, wir fahren jetzt los, tschüss bis dann«, beendete Frau Lohse das Gespräch und startete den Wagen. Bevor sie noch etwas sagen konnte, stöpselte sich Romy die Kopfhörer in die Ohren und schloss die Augen. Mit ihrer Mutter wollte sie jetzt ganz bestimmt nicht reden.

Irgendwann war sie eingeschlafen und wachte erst ein paar Stunden später auf, als das Auto in der Einfahrt des neuen Heims stoppte.

Romy hatte es ein paar Mal auf Bildern gesehen. Es war ein sehr modernes Haus, ein Würfel aus Stahl und Glas, mit sonderbaren Platten auf dem Dach und an den Wänden – das waren Teile einer Solaranlage, wie ihre Eltern erklärten.

Das Haus gefiel Romy nicht! Warum nur mussten ihre Eltern gerade jetzt wegen diesem blöden wissenschaftlichen Projekt umziehen? Genau jetzt, wo Romy sich mit ihrer Fußballmannschaft für den Jugendpokal qualifiziert hatte?

Romys Vater wartete in der Einfahrt und winkte. Er war schon länger auf dem Forschungscampus. Seine Aufgabe war es, neue Materialien zu erfinden – für Autos und Maschinen. Aber er entwickelte auch Stoffe – ganz genau wusste sie das nicht. Wie es so seine Art war, hatte Philipp Lohse den Umzug perfekt vorbereitet und das Haus so weit es ging eingerichtet. Es fehlten nur noch die Sachen, die Romy und ihre Mutter jetzt mitbrachten. Sie waren bis zum Ende des Schuljahres in der alten Wohnung geblieben. Nun hatten die Sommerferien begonnen und Romy befand sich in einer neuen, fremden Stadt, in der sie keinen Menschen kannte …

Anstatt beim Auspacken zu helfen, ging Romy in den Garten hinter dem Haus. Fast wäre sie über ein rollendes UFO gestolpert – zumindest sah das quietschgelbe Ding zu ihren Füssen so aus. »Doofes Haus, doofer Garten, doofes Dings«, dachte sie. Da raschelte es plötzlich in den Sträuchern.

Wie funktioniert eine Solarzelle? Mail und Experiment ab Seite 108.

Romy entdeckte einen Jungen mit braunen Haaren. Er musste etwa so alt sein wie sie.

»Beobachtest du mich?«, fragte sie ihn.

»Ich? Äh … nein! Fährt euer Auto noch mit Benzin?«

»Natürlich! Womit denn sonst?«

»Naja, die Autos hier auf dem Campus fahren alle mit Strom!«

»Ach so?« Romy sah den Jungen leicht verwundert an. »Dann kannst du mir sicher auch sagen, was das hier ist?« Sie zeigte auf das quietschgelbe runde Ding, über das sie fast gefallen wäre.

»Ach das, das sind hier die Rasenmäher. Die bewegen sich von ganz alleine durch den Garten und erkennen auch, wo sie schon gemäht haben.«

Wie funktionieren Elektroautos? Ab Seite 112 im Infoarchiv.

»Aaah ja.« Romy sah den Jungen mit hochgezogenen Augenbrauen an. »Sag mal, was machst du eigentlich im Gebüsch?«

»Komm mit, ich zeig's dir«, sagte der Junge und verschwand.

Romy überlegte kurz. Dann zwängte sie sich in die hohe Weidenhecke hinein. Vor ihr lag ein schmaler, dunkler Tunnel, durch den sie nun auf allen Vieren krabbelte. Er ging offenbar wie die Hecke rund um das gesamte Grundstück.

»Wow, wer hat den denn gebaut?«, staunte Romy.

»Das waren mein Daddy und ich, bevor …« Der Junge verstummte, als sie das Ende des Tunnels erreichten. Sie kletterten nacheinander ins Freie. Romys Blick fiel auf ein Haus, das genauso aussah wie ihr neues Zuhause. Auch hier funkelte auf dem Dach und an der Fassade eine nagelncuc Solaranlage. Nur der Garten war anders. Hier gab es viel mehr hohe Bäume.

Der Junge drehte sich kurz zu ihr um und gab ihr ein Zeichen, ihm weiter zu folgen. Sie durchquerten den Garten und dann sah sie es: In einer Ecke stand eine mächtige Eiche und oben im Wipfel, gut getarnt durch Äste und Laub, thronte es mitten in den Zweigen: ein Baumhaus!

Am Stamm der Eiche hing eine Strickleiter aus Aluminium. Romy wollte gerade daran hochklettern, als sie von nebenan die Stimme ihrer Mutter hörte: »Romy! – Rooooooooomy!«

Romy verdrehte die Augen, dann zuckte sie mit den Schultern.

»Ich seh dich!«, sagte der Junge, winkte und verschwand im Baumhaus. Als sie den Tunnel durch das Gebüsch zurück kroch, konnte Romy sich ein Lächeln nicht verkneifen. Der Junge schien echt nett zu sein.

Beim Abendessen sprach Romy immer noch kein Wort. Aber ihre Mutter bemerkte eine leichte Zufriedenheit in Romys Verhalten. Allerdings dachte Frau Lohse, dass sie ihre Tochter selbst ein wenig besänftigt hätte – mit deren Lieblingsgericht: Nudeln in Tofu-Tomatensauce.

Dann war es so weit. Romy begutachtete nun doch ihr neues Zuhause. Es war größer als das alte. Ihre Mutter hatte sogar ein eigenes Arbeitszimmer, trotz des Jobs am Institut. Aber sie kannte das schon: Ihre Mutter war immer in Kontakt mit den Kollegen, auch wenn sie zuhause war, entweder am Telefon oder sie schaute nach E-Mails oder schickte SMS.

Ihr eigenes Zimmer lag im ersten Stock. Durch ihr Fenster hatte sie einen herrlichen Ausblick in den Garten. »Naja«, dachte Romy, »nicht alles ist übel hier.« Beim Einschlafen beschloss sie, den Jungen von nebenan nach der Gegend hier auszufragen. Ihr kamen doch ein paar Sachen komisch vor.

Kapitel 2

Das Explor-Obskurometer oder ein unangemeldeter Gast

Am nächsten Morgen, gleich nachdem sie ihr Müsli verschlungen hatte, lief Romy in den Garten. Sie kroch durch den Weidentunnel und suchte eine Weile nach dem Ausgang zum Nachbargarten. Dann lief sie zum Baumhaus. Als sie darunter stand, wurde sie enttäuscht. Die Strickleiter war verschwunden und von dem Jungen war nichts zu sehen. Sie ging vorsichtig um das Haus herum und versuchte durch die Fenster zu sehen. Schließlich stand sie an der Vordertür. »Gut, dann eben klingeln«, dachte sie, zögerte aber einen Moment; sie wusste ja nicht mal den Namen des Jungen …

Romy wollte gerade wieder gehen, da schwang die Tür auf und eine Frau in Jeans und T-Shirt erschien. Sie hatte die gleiche Haarfarbe wie der Junge.

»Ach, hallo!«, sagte sie überrascht. »Du musst das Mädchen sein, das nebenan eingezogen ist. Ich bin Martina Zimatschek, Julians

Mutter. Julian ist beim Fußballspielen. Er müsste aber gleich kommen, wenn er nicht wieder so trödelt.«

Als sie Romys enttäuschtes Gesicht bemerkte, lächelte sie.

»Wenn du willst, kannst du hier warten. Ich habe gerade einen Anruf bekommen und muss kurz ins Institut, bin aber bald wieder zurück. Da drüben sind ein paar Bücher. Du kannst ja mal schauen, ob dich etwas interessiert. Oder du spielst mit Julians Videospielen. Der Couchtisch ist die Fernbedienung, du kannst ihn einfach mit Handbewegungen steuern. Und in der Küche findest du Saft und Kekse. Fühl dich wie zuhause.«

Julians Mutter nickte noch einmal lächelnd der verwirrten Romy zu und verschwand.

Neugierig sah sich Romy um. An den Wänden befanden sich riesige, gerahmte, alte Landkarten und überall im Raum verteilt standen alte Vasen, mysteriöse Figuren … und dazwischen ein großer, flacher Fernseher. In einer kleinen Vitrine an der Wand lagen Stücke, die so aussahen, als wären sie von der Solaranlage auf dem Dach herausgebrochen, und ein schillernder Quarzstein.

Romy musterte das Sammelsurium eine Weile, dann untersuchte sie kurz den Couchtisch. »Wie kann der denn eine Fernbedienung sein?«, wunderte sie sich. Damit konnte sie gar nichts anfangen. Dann schlenderte sie zu den Bücherregalen und studierte die Titel:

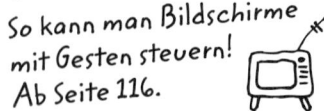

So kann man Bildschirme mit Gesten steuern! Ab Seite 116.

Regenerative Energie,
Energie gewinnen und speichern,
Architektur der Zukunft,
Technikführer für Stromsparer,
Quantenphysik im Alltag …

Gibt es sprechende
Kühlschränke?
Antwort in Infoarchiv
ab Seite 120.

Ähnliche Titel standen auch bei ihren Eltern im Regal. Julians Eltern waren also auch so etwas wie »Wissenschaftler«.

Dann machte Romy einen Abstecher in die Küche, das Angebot mit den Keksen war einfach zu verlockend.

Während sie einen der Schokokekse knabberte, öffnete sie den Kühlschrank, nahm eine Milchflasche heraus und goss sich den Rest aus der Flasche ein. Als sie die Tür wieder schloss, sagte eine Automatenstimme: »Achtung! Milch ist alle! Schicke Nachricht an den Supermarkt. Was brauchen wir noch?«

Romy zuckte zusammen. Was war das? »Der Kühlschrank spricht! Und er kauft ein! Das ist ja praktisch, da brauche ich keinen Zettel mehr. Ob das auch mit Herrn Rosallis Laden funktionieren würde?«, überlegte sie.

Noch in Gedanken ging sie zurück ins Wohnzimmer, als ihr Blick abgelenkt wurde. Im Garten bewegte sich etwas. Sie ging zum Fenster. Ein älterer Mann mit einer komischen Frisur und dichtem, rotem Bart lief mit einem blinkenden Kästchen in der Hand durch den Garten von Julian. Gelegentlich stoppte er und schrieb etwas in sein Notizbuch.

Im gleichen Moment hörte Romy ein Klicken an der Tür.

»Was machst du denn hier?«, fragte Julian verwundert.

»Was macht der denn da?«, antwortete Romy und zeigte auf den Mann im Garten.

Julian lief zum Fenster und sah Romy über die Schulter. »Ach, das ist Kyrill, unser Hausmeister. Der ist total okay. Er hat mir schon oft geholfen mein Fahrrad zu reparieren. Frag mich nur, was er hier will?«

Julian rannte zur Terrassentür, riss sie auf und rief: »Hey, Kyrill! Was machst du da in unserem Garten?«

Der Mann schaute sich überrascht um.

»Oh, ich nicht chabe gjemerkt, dass ich gjelaufen bin so wejt … ich suche nach Obskureeeenzen …«

»Nach Obskuriwas?«, fragten Romy und Julian gleichzeitig.

»Nach Uuunentdecktem. Diese ist mejne Explor-Obskurometer. Den ich chabe aus mejne russische Cheimat mitgebracht. Es funktioniert exzellent … wenn es will. Ich denke, lejder nun die Batterien sind aaalle …«

Er schüttelte sein höchst eigenartig aussehendes Gerät. Es war offensichtlich aus verschiedenen Schrottteilen zusammengesetzt. Dann fiel sein Blick auf Romy.

»Ach challo, ich bin Ky-
rill, ich bin ejner der
Chausmejster chier in dieses Campus. Du bist Mädchen, was
ist eingjezogen in Nummer 17?«

»Ja, ich bin Romy. Hallo.«

Kyrill schüttelte Romy die Hand. »Challo Romy.
Willkommen in unsere scheene neue Welt.«, sagte der
Mann und wandte sich wieder seinem Explor-Obskuro-
meter zu.

»Wieso sind dieses Batterien aaaalle? Ich dachte sie
würden noch …«

»Wartet mal. Meine Mutter hat immer Batterien
da.« Julian wollte gerade ins Haus gehen, als ihn
Kyrill zurückrief:

»Junge, das nichts wird brrringen. Das sind aaalte Nieder-
voltbatterrrien, diese kann man nicht mehr kaufen …«

Enttäuscht ließ Julian die Schultern sinken. Kyrill strich über seinen feuerroten Bart »Chätte ich Orangen …«, murmelte er in Gedanken vor sich hin.

»Wieso Orangen?«, fragte Julian und lehnte sich entspannt an die
große Eiche.

»Man kann machen Strom aus saures Frychte«, erklärte Kyrill.

Julian zuckte mit den Schultern. Ihr Kühlschrank müsse die Orangen erst bestellen, sagte er und sah Kyrill fragend an.

»Saure Früchte? Da gehen doch auch Zitronen?!«, platzte Romy dazwischen. »Ich hab gestern ein paar Zitronen mitgebracht!« Schnell lief sie nach Hause, um das Obst zu holen.

Völlig atemlos kam sie nach ein paar Minuten zurück.

Kyrill hatte einige Drähte aus seinen Taschen gezaubert und verkabelte die Zitronen fachgerecht.

»Nanu? Explor-Obskurometer zejgt komisches Wert …«, murmelte der Hausmeister. Genau in diesem Moment ertönte ein Schrei. Sie sahen nur einen Schatten, der neben der Terrasse landete und durch den Garten verschwand. Fast zeitgleich stand Julians Mutter mit hochrotem Kopf in der offenen Terrassentür. Sie schien schrecklich aufgebracht.

»Er wurde …«, stammelt sie » … er wurde einfach gestohlen!«

»Was hat wer gestohlen?«, fragte Julian.

Erst jetzt schien Frau Zimatschek zu begreifen, wo sie war und wem sie gegenüberstand. Sie versuchte zu lächeln, winkte kurz und eilte ins Haus. Die beiden Kinder und der Hausmeister blieben verwirrt im Garten zurück.

»Was war das denn?«

»Das, Julian, ist ein Abenteuer«, antwortete Romy …

Das Experiment mit den Zitronen nachmachen – ab Seite 124.

Kyrill verabschiedete sich, um weiter nach Unentdecktem zu suchen. Julian und Romy standen an der Eiche und grübelten: Wer war wohl in das Haus eingebrochen? Wie war das merkwürdige Verhalten von Julians Mutter zu erklären? Und was war überhaupt gestohlen worden?

Julian bekam die Aufgabe, seine Mutter mit Fragen zu löchern.

Bevor sie weitere Pläne schmieden konnten, hörte Romy ihre Mutter rufen. Klar, sie musste noch Kartons auspacken …

Beim Abendessen erzählte sie ihren Eltern von der Geschichte und dass sie und Julian den Fall lösen wollten. Sie würden schon herausbekommen, weshalb die Nachbarin beraubt worden war und was gestohlen wurde.

Romys Vater lächelte verständnisvoll und sagte: »Kinder sollten spielen und keine Ganoven jagen, mein Schatz. Wenn etwas gestohlen worden ist, wird sich die Polizei schon darum kümmern!«

»Aber Papa …«, entrüstete sie sich » … es war bisher gar keine Polizei da! Das hätten wir doch gesehen!«

»Dann ist auch nichts gestohlen worden«, schloss ihr Vater das Thema und nahm sich noch Kartoffeln nach.

Romy sah ihre Mutter an, doch die war nur halb bei der Sache und tippte schon wieder irgendwelche Nachrichten. Zum Glück hatte sie den Nachtisch schon gemacht: Blumeneis mit heißen Himbeeren.

Leckeres Eisrezept und Erklärung für Blumeneis ab Seite 128.

Kapitel 3
Der geheimnisvolle Fußabdruck

Am nächsten Tag gab es Frühstück erst um neun. Es waren ja Ferien. Kaum fertig, flitzte Romy in den Garten und kroch in die Weidenhecke. Im Halbdunkeln des Tunnels stieß sie mit etwas zusammen.

»Autsch! Mann!«, heulte Julian auf.

»Au!«, stöhnte Romy zurück und rieb sich die Stirn.

»Was machst du denn hier?«

»Das wollte ich dich auch gerade fragen! Meine Mutter hat mich vor die Tür gesetzt. Ich hab wohl zu viele Fragen gestellt!« sagte Julian mit verschmitztem Grinsen. »Das kann ich gut. Sie sagt, das hab ich von meinem Vater geerbt.«

»Was ist mit deinem Vater? Arbeitet der auch im Institut?«, wollte Romy wissen.

»Nein, mein Vater ist auf Expedition. Er schickt immer Pakete mit komischen Sachen drin. Du hast ja schon gesehen, was für ein Krims-

krams bei uns im Wohnzimmer steht … Komm, lass uns ins Baumhaus gehen. Dort können wir in Ruhe über den Diebstahl reden.«

»Hat es doch einen Diebstahl gegeben? War die Polizei da? Meine Eltern wollten mir nicht glauben …«

»Ich hab doch gesagt: Lass uns zuerst ins Baumhaus gehen! Da ist es gemütlicher«, brummte Julian leicht genervt und Romy folgte ihm.

Ihr Herz klopfte bis zum Hals. Sie konnte es kaum abwarten die Neuigkeiten zu erfahren. Die beiden krochen hintereinander durch den Tunnel und standen wieder vor der großen Eiche. Julian fischte eine kleine Fernbedienung aus seiner Hosentasche. Als er auf einen der Knöpfe drückte, rollte sich die Strickleiter automatisch aus. »Willkommen in der Casa Julian«, sagte er stolz.

Oben im Baumhaus fand Romy einen erstaunlich großen Raum vor. Von unten war es schwer abzuschätzen gewesen, wie geräumig das Baumhaus wirklich war, denn Äste und Laub verbargen es vor neugierigen Blicken.

»Hast du das hier ganz alleine gebaut?« fragte Romy ihren neuen Freund staunend.

»Ach!«, winkte dieser ab. »Das war ein Projekt meiner Mut-

ter! Als es abgeschlossen war, hing das Haus hier rum und ich hab's besetzt.« Julian lachte zurückhaltend. »Das Baumhaus hat alles, was man so braucht: Strom, fließend Wasser, ein Klo und Internet! Naja, das Internet borg ich mir von zuhause.«

»Wie geht das denn?«

»Per Funk!«

»Nein! Das Haus hier – wie das geht?«

»Das Haus war als äh … wie hat meine Mutter das genannt … als ›energieautarkes Kleingebäude‹ oder so was geplant, mit allem drin. Alle Energie produziert es selbst – also ganz unabhängig von anderen.«

Im Baumhaus standen ein gemütliches Sofa und ein Kühlschrank. Es gab eine Essecke und sogar einen kleinen Elektroofen, den Julian aber nicht alleine benutzen durfte.

Gegenüber vom Eingang war eine Tür, die vermutlich zur Toilette führte. Das Ganze erinnerte Romy ein wenig an das Wohnmobil, mit dem sie und ihre Eltern einmal Urlaub in Italien gemacht hatten … nur, hier lagen überall Klamotten, Comics und Spielsachen herum.

»Hast du rausgefunden, was deiner Mutter gestohlen worden ist?«

»Meine Mutter behauptet, dass alles nur ein Irrtum war … aber dann hat sie auch gesagt, es wäre ein Scherz gewesen … sie ist sich da irgendwie selbst unsicher …«

Romy sah Julian an und zog skeptisch die Augenbrauen zusammen.

»Mehr hast du nicht herausgefunden?«

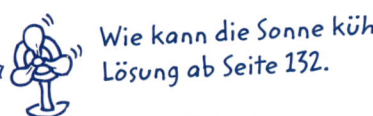

Wie kann die Sonne kühlen?
Lösung ab Seite 132.

»Es ist echt nichts Brauchbares aus ihr rauszubekommen. Leider!«, entschuldigte sich Julian. »Aber es hat irgendwie mit ihrer Arbeit zu tun. Sie telefoniert dauernd mit dem Institut.«

»Wir müssen uns selbst ein Bild machen!«, beschloss Romy.

»Fangen wir ganz von vorn an: Wir sollten am Tatort suchen, ob der Dieb Spuren hinterlassen hat. Also: Von wo wurde etwas gestohlen?«

»Wahrscheinlich aus dem Arbeitszimmer meiner Mutter. Der ganze andere Klimbim ist noch da, soweit ich das beurteilen kann. Meine Mutter arbeitet meistens zuhause. Sie glaubt ständig, dass sie mich antreiben muss, seitdem ich … naja … ich bin manchmal ein wenig ungenau mit den Hausaufgaben … aber das Arbeitszimmer können wir vergessen … meine Mutter schließt es immer ab …«

»Hmm …«, überlegte Romy. »Der Dieb muss auch irgendwie hineingekommen sein … vielleicht sollten wir uns das mal genauer ansehen!«

»Da gibt es ein kleines Problem«, sagte Julian leicht zerknirscht. Romy sah ihn fragend an. »Ich hab bis heute Abend Hausverbot …«

Romy sah Julian erstaunt an. »Hausverbot? Das hab ich ja noch nie gehört!«

»… und von Internat hat sie auch irgendetwas gefaselt.«

»Dann, … müssen wir eben im Garten anfangen,« sagte Romy entschlossen.

Gesagt – getan. Die beiden untersuchten gewissenhaft jeden Winkel rund um das Haus. Irgendwo musste der Räuber doch Spuren hinterlassen haben …

Nachdem sie die gesamte Rasenfläche überprüft hatten, nahmen sie die Blumenbeete unter die Lupe. Romy hing gerade in den stacheligen Rosen fest, als Julian einen Freudenschrei ausstieß.

»Yippie! Ich hab was gefunden!«

Romy befreite sich und lief zu ihm. Beide bewunderten einen deutlich sichtbaren Fußabdruck im Lehmboden neben der Terrassentreppe.

»Der Dieb ist seitlich von der Terrassentreppe gesprungen und schräg durch den Garten gerannt! Und dann ist er wohl in diese Richtung gelaufen!«

Sie folgten der Spur. Abgeknickte Blumen und Lavendel zeigten den genauen Weg, den der Dieb genommen hatte.

»Ich schau mir mal an, wo er hingelaufen ist«, sagte Julian und verschwand in einem Gestrüpp aus Wacholder- und Brombeerzweigen. Noch bevor Romy reagieren konnte, ertönte eine ärgerliche Stimme hinter ihr: »Was macht ihr da? Du da – sofort raus aus den Beeten – und du im Gebüsch auch! Raus da – aber sofort!«

Ein Mann mit Harke und grüner Latzhose, anscheinend ein Gärtner, stand auf dem Rasen und schrie Romy an. Ein zweiter Mann hatte Julian am Kragen gepackt und zerrte ihn durch den Garten.

»Ich wohne hier!«, jammerte Julian.

Der Mann ließ ihn augenblicklich los. »Oh!«, sagte er »… dann macht, dass ihr wegkommt. Wir sollen hier für Ordnung sorgen!«

Romy trottete mit hängendem Kopf neben Julian zum Baumhaus. Die Männer hatten sofort begonnen die Beete zu harken. Die Spuren waren hinüber.

»Was ist los, Romy? Warum siehst du so traurig aus?« Julian tänzelte neben der betrübten Romy her.

»Warum wohl?! Die Spuren?!«

»Ach ja! Naja, waren die denn so wichtig?«

Romy starrte ihren neuen Freund entgeistert an: »Die Spuren waren der einzige Beweis …«

»Da hatten wir das hier noch nicht!« Julian zwinkerte Romy zu und zog ein schmutziges Handy aus der Hosentasche.

»Woher hast du das?«

»Das lag im Gebüsch.«

Romy sah Julian an und lächelte.

Kapitel 4

Das Rätsel

Zurück im Baumhaus, begann Romy das Fundstück vorsichtig von der Erde zu säubern. Ein Mobiltelefon der neuesten Bauart kam zum Vorschein. Romy drückte auf einen der wenigen Knöpfe. Das Gerät leuchtete auf. Allerdings war das Display nicht mal so groß wie eine Streichholzschachtel. Sie konnte nur mühsam etwas erkennen.

»Und was jetzt?«, fragte sie ihren Freund ungeduldig.

»Warte, von den Dingern hab ich schon gehört!«

Julian nahm das Telefon, zog an der rechten Seite und verbreiterte das Display so um mindestens 20 Zentimeter.

»Rollbares Display, der letzte Schrei! Gibt's noch gar nicht zu kaufen, soweit ich weiß!«

»Hmm, wem das wohl gehört?«, überlegte Romy und kräuselte eine Haarsträhne um den Zeigefinger. Ihr fiel das nicht auf, aber das tat sie immer, wenn sie aufgeregt war.

Gibt es ausrollbare Displays?
Antwort im Infoarchiv ab Seite 136.

»Das werden wir gleich rausfinden«, murmelte Julian in Gedanken vor sich hin und tippte mit dem Finger auf dem Display herum.

Das Handy war erst kurze Zeit in Gebrauch. Es hatte keine Telefonnummern, SMS oder Anrufe gespeichert. Julian suchte nach der Nummer des Telefons und fand sie in den Einstellungen. Dann suchte er im Internet nach einem Besitzer. Er fand aber nichts. Also öffnete Julian den Ordner mit den E-Mails.

Unsinnige Zahlenreihen erschienen und huschten in scheinbar willkürlichen Kombinationen über den Bildschirm. Ratlos sahen sie sich an. Sie verstanden überhaupt nicht, was das sollte.

»Lass uns Kyrill fragen!« schlug Romy vor. Der Hausmeister, davon waren sie überzeugt, war der Einzige, der ihnen jetzt helfen konnte … Schnurstracks rannten sie über die Straße zu den Garagen. In einer von ihnen hatte Kyrill seine Werkstatt.

Als Julian und Romy an der Tür klingelten, schraubte der Hausmeister gerade an einem uralten Motorrad herum. Er hatte es mit ein paar Neuerungen ausgerüstet: einem Beiwagen und einer Gasflasche als Tank.

»Oh Kinderchen! Scheen, dass ihr kommt mich besuchen. Chast du wieder kaputtes Raaad?«, fragte Kyrill, als er den Kindern die verglaste Tür öffnete.

»Nein Kyrill, mit meinem Rad ist alles okay. Wir müssen was anderes mit dir besprechen. Es geht um den Diebstahl …«

»Kommt schnell herejn!«, flüsterte Kyrill, sah sich um und schloss hinter ihnen rasch die Tür …

Staunend betrachtete Romy die vielen technischen Geräte in Kyrills Werkstatt. Die meisten hatte sie noch nie gesehen. »Wozu das wohl alles zu gebrauchen ist?« überlegte Romy.

»Cool, was?«, flüsterte Julian ihr zu.

»Hat das alles Kyrill gebaut?«, fragte Romy und nahm eines der Teile in die Hand. Julian nickte.

»Ejstee?«, fragte Kyrill. Seine grünen Augen blitzten schelmisch. Julian und Romy nickten.

Kurze Zeit später rollte ein kniehoher Roboter auf sie zu. Romy hatte so einen noch nie gesehen: Er hatte ausfahrbare Arme und statt einer Hand ein paar Greifer. Damit hielt er ein Tablett, auf dem zwei Gläser standen. Die Lämpchen-Augen blinkten fröhlich.

»Das ist mejne klejne Roberta, ist mejne Aaassistentin«, sagte Kyrill, als er den verwunderten Blick der Kinder sah. »Sie chilft mir ejn bisschen.«

Den Roboter hatte Kyrill von einem Mitarbeiter des Instituts bekommen, ein ausrangiertes Testmodell. Wie immer hatte er dann noch dieses oder jenes drumherum gebastelt und so die kleine Roberta geschaffen. Die staunenden Kinder nahmen sich die

Gläser vom Tablett, und der kleine Roboter verschwand wieder durch die Tür.

»Waaas fyhrt euch zu mirr? Gjibt es Neues wegen geeestern?«

Julian zog das Handy aus der Tasche. »Das haben wir im Garten gefunden. Nur leider können wir nichts lesen. Da erscheinen nur komische Zahlen. Wir dachten, dass du uns vielleicht helfen kannst!«

»Zejg mal cher!« Kyrill nahm Julian das Telefon aus der Hand, klappte es fachmännisch auf und nickte. »Das ist ejne Verschlysse-lungscode. Das ich keeenne aus alten Zejten in …« Kyrill murmelte den Satz undeutlich zu Ende und verstummte. Dann lächelte er.

»Kommt Kinderchen, wäre gelacht, kennten wir dieses Code nicht knacken!«

Das sehen Romy, Julian und Kyrill auf dem Display:

57 36 45 66– 69 66 39 – 60 66 60 66 39 24 21 78 39 69 – 78
39 – 69 66 27- 60 66 12 54 24 24 66 39 – 24 21 66 45 45
66 – 78 42- 15 66 27 66 54 39 75 78 27 21 66 39 – 21 78 60
– 66 48 18 78 42

Kannst du Romy und Julian helfen den Code zu knacken?

Brauchst du Hilfe?
Schau nach auf Seite 160!

Die Mittagszeit war längst vorbei. Die stundenlange Grübelei hatte die drei Tüftler so beschäftigt, dass sie es nicht bemerkt hatten. Und jetzt hatten sie es geschafft. Der Code war zum größten Teil entschlüsselt.

»Chier schrejben ein gewisser ›Ekuam‹ dem Besitzer von Chandy. Er soll bestimmtes Gegenstand von gewisse Stelle an besagtes Tag abcholen.«

»Klasse!«, spottete Julian. »Das bringt uns ja jetzt unglaublich weiter!« Romy stieß ihn in die Seite. Kyrill blätterte weiter durch die nun lesbaren E-Mails.

»Werbung … gebackenes Bohnen … Spam … Spam … Spam …oh daaas ist interessant!«

»Was denn?« Romy und Julian rückten sofort näher an Kyrill heran.

»Ejn Abonnement von das ›Erfinderwerkstatt‹ für den chalben Preis! Das wirklich ist gutes Aaangebot!«

Julian verdrehte die Augen.

»Erfinderwerkstatt?« Romy sah Kyrill fragend an.

»Das ist DIE Zejtschrift fyr Baaastler. Mit Tipps und Tricks zum Selbermachen. Genial!«, schwärmte Kyrill.

Roberta räumte die leeren Gläser ab und brachte neuen Eistee.

Plötzlich rief Kyrill: »Hey! Chier ist noch ejn älteres E-Mail von Ekuam! In dieses ist Grundriss ejnes Chauses und Codes fyr Alarmanlaaage und Tyren. Ich kenne diese Chaus, ist das nicht eure Chaus, Julian?«

Die drei starrten sich einen kurzen Moment an, bis sie langsam begriffen, was sie da womöglich gefunden hatten.

»Auch das Fluchtweg ist in das Plan ejngjezeichnet. Und chier ist, was wir wollten wissen: Es geht um eine Superrrsonic 3.6. Er soll sicher und unbeschädigt organisiert werden.«

»Was ist ein Superboom 3Punkt irgendwas?«, fragte Romy.

Kyrill zuckte mit den Schultern. »Wocher soll ich wissen? Ich bin Chausmeister, nicht Wissenschaaaftler!«

Sie versuchten ihr Glück im Internet. Viel fanden sie nicht heraus, außer, dass das Wort Supersonic aus dem Englischen stammt und »Überschall« bedeutet. Aber wieso 3.6?

»Klingt wie 'ne Versionsnummer«, vermutete Julian. So richtig wussten sie aber noch immer nicht Bescheid.

»Wir müssen deine Mutter fragen, Julian!«, beschloss Romy.

»Fällt aus! Meiner Mutter kann ich heute nicht mehr unter die Augen treten. Du weißt doch – Internat! Was ist denn mit deinen Eltern, Romy? Sind die nicht auch Wissenschaftler?«

Romy nickte. »Okay. Einen Versuch ist es wert. Wir treffen uns nachher am Baumhaus, Julian. Tschüss Kyrill. Und danke für die Hilfe!«

Romy stürmte aus Kyrills Werkstatt und rannte nach Hause. Ihr Vater war schon am Morgen – wie immer pünktlich – ins Institut gefahren. Ihre Mutter packte Bücher aus und stellte sie ins Wohnzimmer-regal. Zwischen Ohr und Schulter hatte sie das Telefon geklemmt.

»Mama, ich hab da mal 'ne Frage, auf die ich keine Antwort weiß«, begann sie vorsichtig.

»Ein Spiel mit deinem neuen Freund? Für die Schule kann es ja noch nicht sein!«, riet sie und beendete das Telefongespräch.

»Ja, genau!«, antwortete Romy, dankbar für die Vorlage. »Julian hat gesagt, ich wüsste nicht, was ein Supersonic 3.6 ist, und das ärgert mich, weil ich es wirklich nicht weiß!«

Frau Lohse sah ihre Tochter überrascht an.

»Supersonic 3.6 sagst du?« Sie war aufgestanden und wanderte zwischen den Kartons im Wohnzimmer umher.

»Den Verstärker kann er nicht meinen …«, murmelte sie leise.

»Welchen Verstärker?«, fragte Romy wieder einmal zu forsch.

»Nichts, das ist eine Sache an der wir hier … es ist nichts, Romy, vergiss es wieder!«

»Aber …«

»Nichts aber, Romy, geh zu deinem neuen Freund und lass mich in Ruhe weiter auspacken!«

Romy wunderte sich. Was war bloß los mit ihrer Mutter? So war sie doch sonst nicht. Normalerweise nahm sie sich immer Zeit, um ihr etwas zu erklären …

Etwas niedergeschlagen kam sie zum Baumhaus zurück, wo Julian bereits auf sie wartete. »Und?«, fragte er.

»Meine Mutter war ganz komisch. Sie hat irgendwas von einem Verstärker gemurmelt, und als ich nachfragte, wurde sie total eigenartig und hat mich rausgeworfen.«

»Oh! Bei dir also auch? Und nun?«

Ratlos sahen sich die beiden Freunde an. »Lass uns noch mal in die Mails gucken …«

Julian wollte das Handy gerade aus seiner Hosentasche holen, als Romy plötzlich lospolterte: »Ach, das bringt doch nix! So kommen wir nicht weiter. Hmmm, warte mal … wenn die da alle so'n Geheimnis um den Supersonic-Verstärker machen, sollten wir vielleicht einfach mal das Institut besuchen … ich meine, deine Mutter arbeitet dort, meine Mutter fängt nächste Woche an … und mein Vater ist schon eine Weile da … und wir sind halt neugierige Kinder, die wissen wollen, wo ihre Eltern arbeiten.«

Julian strahlte seine neue Freundin bewundernd an – er kannte wenige, die so schnell so gute Ideen hatten.

»Vielleicht finden wir da irgendwas raus … nur … wie weit ist das eigentlich weg … und wie kommen wir dahin?« Sie sah Julian fragend an.

»Komm mit!«, grinste Julian. »Ich weiß, wie wir hinkommen!«

Kapitel 5

Der Ausflug

Sie gingen zur Straßenecke neben Julians Garten.

»Und nun?« runzelte Romy die Stirn, als sie die hypermoderne Haltestelle mit einem großen LED-Display sah. Als Antwort tippte Julian leicht mit dem Finger auf den Fahrplan im Display und schon hörten sie hinter sich ein Fahrzeug heranrollen.

»Was ist das denn? Das hat ja Räder wie ein Bus und sieht aus wie eine Straßenbahn! Aber ich seh' hier nirgendwo die Stromleitungen!«, wunderte sich Romy.

Jetzt kam Julians großer Moment: »Das ist eine Autotram. Die braucht keine Oberleitung, sie fährt mit einem Elektromotor – ist auch so ein Forschungsprojekt des Instituts«, erklärte er.

»Okay, dann müssen wir jetzt nur noch auf den Fahrer warten …«

»Den brauchen wir gar nicht. Die Bahn fährt ganz allein bis zum Institut.« Julian sprang auf den Wagen. »Wir müssen nur hier auf dem Monitor eingeben, wo wir hin wollen. Und dann kann man sich noch aussuchen, welchen Weg man fahren will.«

»Ohne Fahrer! Wie soll das denn gehen?«

»Na irgendwie mit Satellitennavigation oder Infrarot oder so. Später sollen auch mal Autos so fahren, aber davor müssen sie miteinander sprechen lernen, hat meine Mutter erzählt. Aber jetzt steig endlich ein.«

Zögernd lief Romy um die Autotram herum und hüpfte schließlich in den Wagen. Kurz darauf schloss sich die Tür und leise ging es los in Richtung Institut.

Julian hatte extra die Südroute gewählt. Die führte über den ganzen Forschungscampus, und den wollte er Romy bei dieser Gelegenheit unbedingt zeigen. So oder so würden sie gegen drei Uhr am Institut sein. Die Fahrt war für Romy sehr aufregend. Erstens vertraute sie dem selbstlenkenden Fahrzeug nicht wirklich und zweitens kannte sie die neue Umgebung noch nicht.

Sanft setzte sich die Tram in Bewegung und fuhr durch die Wohnsiedlung. Dann ging es eine Weile an der Stadtgrenze entlang zum Wohncampus 2. Dort sahen die Häuser ganz anders aus: Einige waren aus Holz, andere aus einem schimmernden Material, das wie Metall aussah. Julian erzählte Romy, dass dies ein neuer Beton sei, der besonders umweltverträglich ist und Wärme gut speichere. Wieder andere Häuser wechselten die Farbe. »In den Wänden steckt ein Material, das seinen Zustand von fest auf flüssig verändert. So kann

Autos, die sprechen können?
Wie soll das denn funktionieren?
Seite 138.

44

es tagsüber Energie speichern und nachts wieder abgeben.« Julian war richtig stolz, was er alles über den Campus wusste. Dass er in der Schule so schlecht war, verstand er selbst nicht richtig.

Romy kam aus dem Staunen und Fragen nicht mehr heraus. Zum Glück hatte sie Julian dabei. Der wusste echt über alles Bescheid.

»Diese Dinger, auf denen die Leute fahren, sind Elektroroller und -räder. Und das da ist eine Stromtankstelle. Wenn ein Rad keinen Strom mehr hat, kannst du es einfach anstecken und aufladen. So wie beim Handy – nur dass es viel schneller wieder auflädt.«

Dann kamen sie an einem Sportplatz vorbei, der ganz normal aussah. »Hier spiel ich immer Fußball«, sagte Julian.

»Echt? Ich spiele auch. Meine alte Mannschaft, wo ich vorher wohnte, ist kurz davor, den Jugendpokal zu holen«, entgegnete Romy. »Und ich bin nicht dabei!« fügte sie leise dazu.

Julian sah Romy verständnisvoll an. Dann hatte er eine Idee. »Wir können ja mal zusammen kicken!« Romy lächelte.

Es ging noch ein kurzes Stück leicht bergauf durch ein kleines Wäldchen, dann hielt die Bahn direkt vor dem Institut.

»Brendel-Schmidt-Institut!«, tönte eine Stimme aus dem Lautsprecher. Immer noch staunend sprang Romy aus dem Wagen und folgte Julian.

Der begrüßte den Pförtner: »Wir würden gern zu …« Julian sah Romy fragend an. »Doktor Lohse«, beendete Romy schnell den Satz.

Wie sieht wohl die Ökostadt der Zukunft aus? Das wird ab Seite 142 erklärt.

»Und wen darf ich melden?«, fragte der Pförtner freundlich.

»Romy Lohse und …«

»… Julian Zimatschek – ich weiß«, lächelte der Pförtner.

Er telefonierte kurz, dann wandte er sich wieder den Kindern zu. »Herr Doktor Lohse holt euch in fünf Minuten hier ab.«

Romy und Julian sahen sich um. Vor ihnen lag die helle, große Eingangshalle, eine gläserne Kuppel formte das Dach. Zu beiden Seiten und nach hinten zweigten Flure ab. Rechts und links führten zwei Treppen nach oben.

An den Wänden hingen Fotos von Projekten des Instituts. In einer Nische neben der Wartezone für Besucher war ein neues Gerät aufgestellt, ein Körperscanner. Julian probierte ihn sofort aus.

»Beeindruckend, oder?«, fragte eine freundliche Stimme. »Du musst Julian sein!« Romys Vater begrüßte die beiden freudig. »Was für eine Überraschung, mit euch hätte ich überhaupt nicht gerechnet! Kommt mit, ich zeige euch, wo ich arbeite.« Der Pförtner ließ die beiden Kinder durch die Sicherheitssperre.

Romys Vater führte die beiden durch lange, weiße Flure mit verschiedenfarbigen Markierungen auf dem Boden. »Hier ist im Lauf der Jahre immer wieder etwas an- und umgebaut worden, deswegen ist es hier fast wie in einem Labyrinth. Die Farben helfen einem, sich zurecht zu finden. Ich merke mir immer nur Orange, dann komme ich sicher bei meinem Techniklabor an«, erläuterte Dr. Lohse, während er mit den Kindern treppauf, treppab durch das Gebäude lief.

Körperscanner oder Nacktscanner?
Sehen die wirklich alles?
Lösung ab Seite 146.

»Orange, das wäre für mich auch einfach«, dachte Romy bei sich. »Orange ist meine Lieblingsfarbe.«

Dann ging es hoch in den zweiten Stock.

»Hinter dieser Tür hier verbirgt sich das Techniklabor, es wird euch gefallen, ist echt spannend!« Er hielt seine Hand vor eine Glasplatte, es summte kurz und schon zog sich die Tür mit einem leisen Zischen seitlich in die Wand zurück.

Vor ihnen lag ein geräumiger, quadratischer Raum. Auf der rechten Seite war eine Fensterfront, links erstreckte sich eine Regalreihe an der Wand entlang. In ihr befanden sich zahlreiche technische Geräte. Romys Vater zeigte ihnen eine Waage, die so genau war, dass man damit das Gewicht eines Staubkorns bestimmen konnte. Er ließ sie durch ein Mikroskop schauen, durch das Romys Haar so dick aussah wie ein Seil. Dann gab es Reagenzgläser, gefüllt mit bunten Pulvern. Hauchdünne Kupferkabel lagen neben feinen Golddrähten.

Und auf den Tischen gab es kleine Stoffstücke, die mit leuchtenden Elementen bestickt wurden. Zahlreiche Bildschirme zeigten farbige Linien und Diagramme. Eine Waschmaschine summte leise in regelmäßigen Abständen. Im Hintergrund dudelte ein Radio.

Romys Vater erklärte ihnen, dass er gerade an Stoffen arbeite, die anfangen zu leuchten, wenn man sich bewegt. Bevor die Stoffe das Haus für die sogenannten »Livetests« verlassen durften, mussten sie verschiedene Prüfungen bestehen, zum Beispiel 500-mal Waschen.

»Sie sollen im Straßenverkehr verwendet werden. Westen mit leuchtenden Rücken für Fahrradkuriere sorgen für höhere Sicherheit, wisst ihr …«

Am Ende des Raums führte eine weitere Metalltür über eine Schleuse in einen kleineren Nachbarraum. Der war durch eine große Milchglasscheibe vom Techniklabor abgetrennt. In der Schleuse standen ein paar dick mit Erde beschmutzte Schuhe.

»Was ist hinter dieser Tür?«, fragte Romy interessiert.

»Ach, das ist unser Reinraum, dort arbeiten wir an empfindlichen Objekten. Man darf nur mit Schutzkleidung hinein. Jedes Staubkorn

kann unermesslichen Schaden an-
richten.«

»Und die Schuhe da?«

»Die werden Joscha gehören, er
ist Student und dokumentiert unsere Arbeiten … gut, dass er die
Schuhe ausgezogen hat, der
Schmutz wäre wahrscheinlich sogar durch die Überschuhe gekommen.«

Romys Vater trat an die trübe
Glasscheibe und betätigte einen
kleinen Schalter. Plötzlich wurde
die Scheibe klar.

Dahinter saß ein junger Mann an einem Laptop und tippte fleißig.
»Hallo, Joscha«, sprach Romys Vater in die Gegensprechanlage. »Alles in Ordnung, kommen Sie voran?«

Es knackte kurz, als der Student auf die Antworttaste drückte.

»Ja, Herr Lohse. Danke, dass Sie mir die Schaltpläne liegen gelas-
sen haben. Das erleichtert meine Arbeit ungemein! Hallo Julian! Wen
hast du denn da mitgebracht?«

»Das ist meine Tochter Romy«, antwortete Dr. Lohse. »Die beiden
kamen mich spontan besuchen. Wir lassen Sie jetzt in Ruhe weiterar-
beiten! Danke, Joscha.«

»Hast du die Schuhe gesehen?«, zischte Romy Julian zu, als ihr Vater kurz in ein Gespräch mit einem Kollegen verwickelt war.

»Klar«, sagte Julian, schien sich aber eher für den Eingangsbereich der Hochsicherheitszone zu interessieren.

»Und?«, fragte Romy aufgeregt.

»Was und?«

»Ist dir nichts aufgefallen?«

»Klar … äh …«

»Mann, die Erde an den Schuhen! Die war eindeutig aus eurem Garten!«

Julian öffnete seinen Mund, doch bevor er etwas sagen konnte, kam Romys Vater wieder: »So, ihr zwei – ich hab eine Idee! Jetzt ist Kuchenzeit!« sagte er lachend, »wir gehen jetzt rüber in die Kantine, und ihr dürft euch irgendwas Leckeres aussuchen. Die Institutsküche ist hervorragend – alle Kuchen backen die selbst. Na los – hier geht's lang …«

Während sie ihren Apfelkuchen und die Schokosahne-Torte in sich hineinschaufelten, hielten Romy und Julian Ausschau nach diesem Joscha, aber der ließ sich nicht blicken.

Romys Vater erzählte von seinem Projekt. Julian hörte gespannt zu und stellte fleißig Fragen. Aber Romy konnte sich überhaupt nicht richtig auf die Erzählungen ihres Vaters konzentrieren. Die Schuhe, der Supersonic-3.6-Verstärker und die eigenartigen Reaktionen ihrer Eltern gingen ihr nicht mehr aus dem Kopf.

Nachdem Romys Vater die beiden fröhlich verabschiedet hatte, saßen sie eine Weile schweigend nebeneinander in der Autotram.

»Das ist alles komisch. Warum stiehlt man so'n Superverstärker? Wozu kann man den benutzen? Und wieso gerade der Student da?«, überlegte Romy laut und kräuselte wieder einmal die Haarsträhne.

»Vielleicht arbeitet er nebenbei noch an einem eigenen Projekt …« Julian wollte gerade weitersprechen, als Romy ausrief: »Mist, wir hätten eine Probe von der Erde nehmen müssen oder Fotos machen oder so … wir müssen Beweise sammeln, sonst glaubt uns doch kein Mensch!«

Julian sah Romy erschrocken an. »Mann, wieso bin ich da nicht drauf gekommen. Wir müssen sofort noch mal hin…« Julian stoppte die Bahn. Sie sprangen an der nächsten Haltestelle raus und liefen wieder zum Institut.

»Meinst du, der Pförtner lässt uns einfach durch?«

»Bestimmt. Der kennt uns ja jetzt. Wir sagen einfach, wir hätten was vergessen.«

»Genau. Stimmt doch auch.« Romy lachte. »Außerdem sind wir Kinder – was sollen wir schon klauen? Die wichtigen Räume sind sowieso extra gesichert.«

Keine zehn Minuten später waren die beiden wieder am Institut. Der Pförtner blickte ab und zu auf die Bildschirme vor sich, las aber sonst in seiner Zeitung. Er nickte Romy und Julian kurz zu und ließ sie die Sicherheitssperre passieren.

Es war nicht so einfach wie sie gedacht hatten, sich ohne Begleitung in den unübersichtlichen Gängen zurechtzufinden. Doch zum Glück hatte sich Romy die Raumnummer gemerkt und die Farbe für das Leitsystem: »Orange! Ist ja schließlich meine Lieblingsfarbe.« So fanden die beiden das Labor bald wieder. Die Tür war natürlich verschlossen. Sie quetschten sich zusammen in eine Nische und warteten.

Als nach einer halben Stunde immer noch nichts passiert war und Julian langsam zappelig wurde, bewegte sich endlich die Tür. Nicht Romys Vater erschien, nein, es war dieser Joscha mit einem Kollegen, den die Kinder nicht kannten. Durch die offene Tür konnten sie weitere Mitarbeiter erkennen, die im Labor an verschiedenen Werkbänken standen. Schnell zog Julian das neue Handy aus der Hosentasche und schoss ein paar Fotos.

»Mach schnell!«, zischte Romy ihm zu, als Joscha und der unbekannte Mann in ihre Richtung kamen. Sie drückten sich noch enger an die Wand. Aber zum Glück bogen die beiden Männer kurz vor dem Versteck links in einen Flur ab. »Puuh, ich glaub, wir sollten lieber verschwinden!«

Sie folgten der orangefarbenen Linie zurück in Richtung Eingangshalle und spurteten zur Haltestelle.

Kapitel 6
Ein mutiger Entschluss

Keine 10 Minuten später hielt die Tram am »Wohncampus 1«. Die zwei sahen schon von weitem, dass Kyrill an der Haltestelle neben Julians Haus saß. Er winkte ihnen fröhlich zu, als er sie erkannte.

»Ich chab was für euch!«, rief er ihnen entgegen. »Ejner mejner Freunde in Institut chat mir Informationen geschickt, das ich möchte euch zeigen. Ihr wolltet doch wissen, wie Superrrverstärker funktioniert. Ich chabe kleine Experiment für euch.«

Sie liefen rüber zu seiner Garage. Kyrill hatte eine abenteuerliche Konstruktion aufgebaut.

»Seht ihr Kynderchen, ich chabe chier Verstärker gebaut.« Er lachte. »Wenn ich chier in Öffnung spreche, kommt aus Schalltrichter an anderes Ende selbes Ton, nur viel lauter.«

Kyrill machte es einmal vor, und sein geflüsterter Satz wurde verständlich, fast ein bisschen zu laut ausgegeben.

»So funktioniert Verrrstärrrker: Kleynes wird zu Großes!«

»Aber so ein großes Teil hätte der Dieb doch nicht einfach aus dem Haus tragen können?!«, empörte sich Julian.

»Supersonic wird sein anders und viel kleyner als meine Konstrukta!«

»Und viiiiiel stärker!«, fügte Romy hinzu. Kyrill lächelte.

»Wie bist du eigentlich darauf gekommen?«, fragte Julian. »Ich kenne eine Menge Leute, die bei Institut arbeiten«, antwortete Kyrill seinem kleinen Freund.

Romy sah Julian an.

»Gib mir mal bitte das Handy, Julian. Sag mal Kyrill, kennst du den hier auch?« Romy fuhr schnell mit den Fingern über das Display, bis das Foto von Joscha und dem unbekannten Mann zu sehen war. Kyrill warf einen Blick auf das Bild und runzelte die Stirn.

»Daas ist Professor Doktor Maauke! Waas er maacht mit Joscha!?«

»Ist das so ungewöhnlich?«

»Mauke ist merkwyrdiges Mensch … bildet sich waaas ejn, wisst ihr, wejl Doktor … normalerwejse er spricht nicht mit aaanderen Menschen, die nicht auch sind Doktor!«

»Das ist ja komisch. Joscha ist Student …«, überlegte Julian.

»Woran arbeitet dieser Mauke?«, fragte Romy weiter.

»Was ihr fragt mich? Solche Informationen ihr findet in Intranet von Institut.«

»Wie kommt man da rein?« Julians Augen begannen zu leuchten.

»Nur in Labor …« Kyrill kratzte sich an der Nase.

Julian sah Romy kurz fragend an. Sie nickte mehrmals.

»Kyrill!«, sagte er schließlich. »Wir müssen noch mal ins Labor!«

»Jetzt?«

»Ja, jetzt!«

»Daaas schon zu … ist spät … da kommen wir nicht mehr rejn!«

»Ach komm schon Kyrill, du kennst doch bestimmt eine Möglichkeit?«

»Nejn, ja, schon, aaaber …«

Kyrill sträubte sich, doch Julian und Romy bearbeiteten ihn mit allen Mitteln. Sie setzten ihr traurigstes Gesicht auf, schmollten, bettelten und versprachen ihm zum Schluss, einen ganzen Tag bei der Hausmeisterarbeit zu helfen. Schließlich willigte Kyrill ein. Sie verabredeten sich für 22 Uhr vor Kyrills Werkstatt.

Romy und Julian gingen zum Abendessen nach Hause und zur Freude ihrer Eltern danach ohne Murren auf ihre Zimmer. Romy bastelte eine Puppe aus Handtüchern und einem Ball, dann deckte sie alles sorgfältig zu und schlich die Treppe hinab. Ihre Eltern waren gerade in der Küche und sie konnte ungesehen durch die Terrassentür in den Garten verschwinden. Dort traf sie Julian.

»War es schwierig, heimlich wegzukommen?«, fragte sie.

»Nein, gar nicht – ich hab so eine Strickleiter wie die am Baumhaus auf meinem Zimmer«, flüsterte Julian ihr zu.

Pünktlich um 22 Uhr kamen sie an der Werkstatt an.

Kyrill zeigte ihnen eine Abkürzung zum Institut. An einer Seite des Hauptgebäudes führte eine Treppe nach unten. Dort war der Nebeneingang zur Tiefgarage, den Kyrill mit seiner Hausmeisterkarte jederzeit öffnen konnte. Sie schlichen durch den Heizungskeller und durch Wartungsgänge, in denen wahrscheinlich nie zuvor ein normaler Besucher gewesen war. Aber sie waren ja auch keine normalen Besucher! Romy und Julian fühlten sich wie zwei Agenten, die einen wichtigen Geheimauftrag erfüllen mussten. Kyrill öffnete Sicherheitstüren, schaltete Alarmanlagen ab und wieder an, bis die Dreiergruppe in den ersten Gang mit farbiger Bodenmarkierung kam. Sicher führte er sie zum Techniklabor von Romys Vater.

Als sie vor der Sicherheitstür stehen blieben, wurde Kyrill nervös. »Jetzt es wird spannend! Ich bin mir nicht sicher, ob die Generalkarte chier funktioniert«, flüsterte Kyrill.

Alle drei hielten den Atem an. Der Hausmeister schob seine Chipkarte in den Schlitz unter dem Handscanner. Ein Piepen ertönte und eine grüne Lampe blinkte auf. Die Tür öffnete sich zischend.

»Ich choffe, dass ist kejn Alarm ausgelöst worden! Dann geht nämlich automatisch eine Bildschirm und ein Kamera an«, sagte Kyrill und schob die Kinder in den dunklen Raum.

Als sie das Labor betraten, flackerten die Leuchtstoffröhren auf und erhellten den menschenleeren Raum.

Sie schalteten den Hauptcomputer an. Er war mit einem Passwort geschützt.

»Gib mal als Username ›Lohse‹ ein. Als Passwort mein Geburtsdatum 1705. Das sind zumindest die Zugangsdaten, die mein Papa an seinem Computer zuhause benutzt«, flüsterte Romy.

Julian setzte sich auf den Hocker und begann auf der Tastatur herumzutippen. Nachdem er die Daten eingegeben hatte, drückte er auf »Enter«. Es klappte! Der Computer war freigegeben.

»Wonach soll ich suchen, Romy?«

»Such nach Doktor Mauke und allem, was du von ihm finden kannst.«

»Okay. Schau du so lange in dem ›Tablett‹ nach!«

»Tablett? Was ist das denn?«

»Na dieser flache Computer da auf dem Schreibtisch.«

Romy loggte sich ebenfalls mit dem Passwort ihres Vaters ein und blätterte durch die Unterlagen.

»Hey, hier sind Notizen über den Supersonic!«

»Ich hab die Mitarbeiterseite von diesem Doktor Mauke, er ist tatsächlich der Mann auf dem Foto.«

Während Romy auf dem »Tablett« nach weiteren Informationen über den Supersonic suchte, sicherte Julian verschiedene Daten auf einen Datenstick, den er in kluger Voraussicht mitgebracht hatte.

»Macht schnell! Wir dyrften nicht chier sejn!«, sagte Kyrill sichtlich nervös.

Kurz vor Mitternacht verließen sie das Institut auf demselben Weg, wie sie es betreten hatten. Auf dem Heimweg fielen Julian und Romy schon fast die Augen zu. Als Romy zuhause ankam, schlich sie direkt in ihr Zimmer – froh, dass ihr Ausflug unbemerkt geblieben war. Ihre Eltern waren immer noch beschäftigt, nun verkabelten sie das Arbeitszimmer ihrer Mutter

Julian kopierte die Daten auf seinen Rechner und schlief dann nach dem aufregenden Tag sofort ein. Romy hingegen lag noch eine Weile wach in ihrem Bett und dachte über den Tag nach. Sie war aufgewühlt und glücklich. Ihr heimlicher Besuch im Institut war ein voller Erfolg gewesen. Morgen würden sie die Beweise sichten und endlich herausfinden, was das alles zu bedeuten hatte.

Sie war so gespannt, was die Dateien zum Vorschein bringen würden …

Kapitel 7

Ein unangenehmer Besuch

Romy wurde unsanft geweckt. Sie öffnete genervt die Augen. Draußen war es noch dämmrig. Was sollte das? Ist doch viel zu früh! Dann sah sie den strengen Blick ihrer Mutter.

»Was hast du nur angestellt?«, fragte sie.

Etwas ratlos richtete Romy sich auf.

»Was is'n los?«

»Zieh dich an und komm bitte sofort nach unten!«

Romy hatte ihre Mutter noch nie so besorgt erlebt. Sie zog sich schnell einen Pullover und eine Trainingshose über die Schlafsachen und eilte die Treppe hinunter.

Ihre Eltern saßen auf dem braunen Plüschsofa, das so gar nicht zur restlichen, modernen Einrichtung des Wohnzimmers passte. Daneben hockte ein zerknirschter Julian mit seiner wütenden Mutter. Neben ihnen stand der Mann, den Kyrill als Professor Doktor Mauke erkannt hatte. Hinter ihm hatten sich zwei schwarz gekleidete Männer vom Sicherheitsdienst des Instituts aufgebaut.

»Das ist also Ihre Romy, Herr Doktor?« fragte Mauke.

Romys Vater nickte. Mauke zog ein Foto aus einem Umschlag und betrachtete abwechselnd Romy und das Bild.

»Ja, das passt!«

Mauke trat einen Schritt vor. »Meine Damen, Herr Doktor Lohse, ich bitte um Ihre Aufmerksamkeit.«

Romy sah Julian fragend an, doch der zuckte nur unwissend mit den Schultern.

Mauke fuhr fort: »Ich, als Beauftragter für den Reinraum, muss Ihnen leider mitteilen, dass Ihre Kinder gestern mutwillig in Ihr Labor und den Reinraum eingedrungen sind und dabei größten Schaden angerichtet haben!«

»Das stimmt nicht!«, rief Romy und wollte aufspringen. Ihre Mutter hielt sie zurück und flüsterte ihr zu still zu sein.

»Was stimmt nicht, kleines Mädchen?« Mauke sah Romy eindringlich an und strich sich wichtigtuerisch über sein kleines, schwarzes Bärtchen. »Wir haben hier Beweisfotos! Diese Bilder stammen von einer Kamera im Institut, die bei einem Alarm ausgelöst wird.« Er wedelte mit den Bildern in seiner Hand.

»Wir waren im Labor, aber nicht im Reinraum. Und Schaden haben wir ganz sicher nicht angerichtet!«

»Ja, wir haben …«

Auch Julian wollte etwas sagen, doch er wurde von Maukes lauter werdender Stimme unterbrochen: »Der Reinraum ist geöffnet worden. Alle Proben sind zerstört, die Arbeit der letzten Wochen unbrauchbar. Ein großer, schwer wieder gutzumachender Schaden ist entstanden!«

Im Wohnzimmer war es schlagartig mucksmäuschenstill. Romys Vater sah sie ernst an. »Kind, jetzt sag mir bitte die Wahrheit, es ist wirklich ernst!«

Romy merkte, wie ihr die Tränen in die Augen schossen.

»Wir waren im Labor, aber wir haben den Reinraum nicht betreten oder die Tür geöffnet! Wirklich!«, presste sie hervor.

»Geschwätz von Nichtswissern!« Dr. Mauke winkte ab und wollte gerade weiter reden, als Romys Vater ihn unterbrach.

»Wenn meine Tochter sagt, dass sie die Tür des Reinraums nicht geöffnet hat, dann war sie es auch nicht!«

»Wie seid ihr denn ins Institut gekommen?«, fragte Julians Mutter dazwischen.

»Sie hatten Hilfe von einem Hausmeister, die Kündigung ist schon auf dem Weg«, mischte sich Mauke ein. Julian und Romy sahen sich erschrocken an. Mauke wandte sich nun an Romys Vater: »Sie glauben dem Gör doch nicht etwa? Das könnte auch für Sie Probleme bringen, Herr Doktor Lohse!«

Nun stand Romys Vater auf und stellte sich vor Mauke, den er um einen guten Kopf überragte: »Herr Professor Doktor Mauke! Grundsatz unserer Familie ist, dass wir uns bedingungslos vertrauen und uns nie belügen! Ich glaube meiner Tochter und wenn sie sagt, dass sie es nicht war, dann ist es so! Trotzdem hätten die Kinder das Institut natürlich nicht ohne Erlaubnis betreten dürfen. Dafür werden sie bestraft. Darauf können Sie sich verlassen!« sagte er mit Nachdruck.

Mauke und die Sicherheitsbeamten verließen grußlos das Haus. Als Romys Vater hinter ihnen schwungvoll die Tür schloss, stand Romy auf und lief ihm entgegen.

»Papa, ich …«, setzte sie an.

»Ich will nichts hören, Romy. Geh auf dein Zimmer und da wirst du vorerst bleiben!«, sagte er. So traurig hatte sie ihn noch nie erlebt. Hilfesuchend sah Romy zu Julian.

Der saß immer noch auf der Couch und trat wieder und wieder gegen den Wohnzimmertisch. Seine Mutter zog ihn grob am Pullover hoch.

»Julian, das Gleiche gilt für dich! Hausarrest! Sechs Wochen!«

»Sechs Wochen? Das ist der gesamte Rest der Sommerferien! Aber Mama!«, protestierte Julian.

»Wenn ich noch ein Wort höre, rufe ich im Internat an! Mir reicht es langsam mit dir.«

Julian zuckte zusammen und verließ aufgebracht das Zimmer. Dabei rempelte er Romy unfreundlich an, die ihm mit großen Augen hinterher sah.

Romy lag auf ihrem Bett. Gedämpft konnte sie die Stimmen der drei Erwachsenen hören, wie sie unten sprachen. Julian gab ihr die Schuld an allem! Der Rempler bewies es. Aber warum? Was sollte das?

Ein Vibrieren riss sie aus ihren Gedanken.

Ein Vibrieren? Woher kam das bloß? Sie fasste an die weite Tasche ihrer Trainingshose. In ihr fand Romy das Handy, das der Dieb bei seiner Flucht verloren hatte! Julian musste es ihr zugesteckt haben. Er war gar nicht böse auf sie! Ruckartig zog sie das Display aus dem kleinen Gerät und schaute auf die SMS, die sie gerade bekommen hatte.

»Hallo R! Ich hoffe, ich habe dir nicht wehgetan. Ich habe keine andere Möglichkeit gesehen, dir das Telefon zu geben ... Sie haben mir den Datenstick weggenommen und alles von meiner Festplatte gelöscht. Schaue gerade, ob ich noch irgendwas von den Daten retten kann ... solange der Akku reicht, können wir auf diesem Weg in Kontakt bleiben ... der arme Kyrill ... bis hoffentlich bald ... J!«

Ja, der arme Kyrill! Er war bestimmt stocksauer auf sie. Romy sah sich in ihrem Zimmer um. Was konnte sie tun? So untätig hier rumzusitzen, gefiel ihr gar nicht. Wenigstens konnte sie über das Handy mit Julian in Kontakt bleiben – das war ein Lichtblick.

Schnell tippte sie eine kurze Nachricht an ihn: »Hey J! Alles okay soweit. Ich hoffe, Kyrill ist nicht allzu sauer. Mauke ist echt fies. Er hat voll gelogen. Warum nur? Schreib mir, sobald du was rausgefunden hast. Bis dann. R.«

Dann steckte sie das Mobiltelefon weg. Es war zu verführerisch, damit im Internet zu surfen. Aber das würde nur unnötig Energie verbrauchen … gut, dass die neuen Geräte mittlerweile für mehrere Wochen Strom hatten. 42 Prozent Akkurestzeit hatte das Display angezeigt. Wenn sie sparsam mit dem Handy umging, könnte sie noch eine gute Weile mit Julian in Kontakt bleiben.

Leider hatte sie keinen Computer auf ihrem Zimmer und auch keinen Fernseher. Romys Mutter hielt nichts von technischen Geräten im Kinderzimmer, gerade weil sie sich selbst so gut damit auskannte. Deshalb hatte schon in ihrer alten Wohnung Romys Computer im Arbeitszimmer gestanden. Und sie durfte ihn nur nach Absprache benutzen.

Ihr fiel nichts Besseres ein, also nahm Romy ein Blatt Papier und begann den Fall und alle Fakten, die sie herausgefunden hatten, aufzuschreiben …

Mittags fuhren Romys Eltern ins Institut, zur Schadensbegrenzung, wie sie es nannten. Romy durfte ihr Zimmer bis auf weiteres nicht verlassen, und der Kontakt mit Julian war ihr verboten.

Ekuam — Handy — Supersonic-Verstärker — Joscha — Mauke

Auch Julian saß in seinem Zimmer. Allerdings hatte er im Gegensatz zu Romy einen Computer, mit dem er sich beschäftigen konnte. Seit Stunden versuchte er die Dateien wiederherzustellen, die er vom Stick gezo-

gen hatte und die die Sicherheitsbeamten sorgfältig von seiner Fest-
platte gelöscht hatten. Nervös tippte er mit seinen Fingern auf der
Tischplatte herum, als er ein leises Klingeln hörte, das ihm eine neue
Nachricht anzeigte.

Kapitel 8

Ein hilfreicher Hinweis

»Bestimmt 'n Spam«, dachte Julian, guckte aber trotzdem nach.

»Hallo Julian!«, las er. »Es tut mir leid, dass du und deine Freundin so in Schwierigkeiten gekommen seid. Ich konnte es nicht verhindern … anbei findest du ein paar Informationen, die dir eventuell von Nutzen sein könnten. Schreib mir eine E-Mail, wenn du etwas brauchst … ein Freund.«

Julian stieß vor Schreck fast seine Cola um. Er hatte sie – trotz der Warnungen und des Gemeckers seiner Mutter – direkt neben dem Computer stehen. Ein Freund? Wer hatte ihm diese E-Mail geschrieben? Und woher hatte dieser Jemand seine E-Mail-Adresse? Aufgeregt öffnete Julian die angehängte Datei …

Er traute seinen Augen kaum. In der E-Mail befanden sich mehrere Verträge von Dr-Kauf.

Nachdem Julian die Datei an Romy weitergeleitet hatte, drückte er auf »Antworten« und schrieb:

»Lieber Freund, danke für die Hinweise, aber was können wir tun, um Kyrill zu helfen?«

Dann drückte er auf »Senden« und wartete.

Ungeduldig lief er im Zimmer auf und ab, als er plötzlich wieder das Klingeln aus dem Postfach seines Computers hörte: eine neue E-Mail.

»Lieber Julian, so leid es mir tut, aber es liegt außerhalb meiner Macht hier zu helfen. Kyrill wird leider allein mit der Situation fertig werden müssen.

Gezeichnet, ein Freund!

P.S.: Schaut euch mal an, wer euch diesen Schlamassel eingebrockt hat!«

Julian nahm sein Handy und wählte die Nummer des geheimen Telefons. Er sprach mit Romy über die E-Mails und die Informationen, die sie von dem »Freund« bekommen hatten.

»Was fangen wir damit an?«, fragte Julian seine Freundin.

»Wer hat uns den Schlamassel denn eingebrockt?«, überlegte sie.

»Woher sollen wir das wissen? … Wir selbst?«

»Nein, das glaube ich nicht! Ich glaube, der ›Freund‹ verweist auf den Drahtzieher der ganzen Geschichte. Der, der die E-Mail geschickt hat: Ekuam!«

Julian wurde still, irgendetwas hatte gerade klick gemacht … Ekuam … Ekuam …

»Mensch Romy!«, rief er aus, »EKUAM!«

»Ja, was ist mit ihm?«

»Mauke! Mauke rückwärts geschrieben heißt Ekuam! Wie konnten wir nur so blind sein? Und Mauke ist auch gar kein richtiger Professor und Doktor. Er hat sich seine Titel einfach illegal im Internet gekauft. Mit Mauke stimmt etwas nicht.«

Julian war fassungslos, wie hatten sie das übersehen können!

»Wenn unsere Eltern wieder da sind, werden wir es ihnen erzählen, dann wird alles wieder gut«, freute er sich.

»Denen brauchen wir mit dem Thema nicht mehr zu kommen«, warf Romy ein.

»Was wollen wir dann tun?«

»Wir treffen uns in 15 Minuten am Baumhaus und gehen dann zu Kyrill …«

»Und wenn er böse auf uns ist und uns nicht sehen will?«

»Dann lassen wir uns was anderes einfallen!«, sagte Romy.

Romys Eltern waren immer noch im Institut. So konnte sie ohne Probleme das Haus verlassen. Mauke war ein Lügner! Sie mussten herausfinden, was er vorhatte. Aber sie fühlte ein unendlich schlechtes Gewissen. Schweren Herzens schloss sie die Tür hinter sich und nahm den Weg durch die Hecke.

Vor der Eiche wartete schon Julian. Er schlürfte eine Limo und starrte düster in die Gegend. Als er Romy entdeckte, hellten sich seine Gesichtszüge auf.

Sie wunderte sich, dass er so offensichtlich im Garten herum stand.

»Ist deine Mutter nicht da?«, fragte sie.

»Nee, sie ist zum Institut gefahren – zum Glück hat sie da nachmittags immer mal Besprechungen«, erwiderte er. »Aber sie hat die Fernbedienung für mein Baumhaus einkassiert!«

»Oh Mann! Das ist echt gemein. Komm, lass uns schnell zu Kyrill gehen!«

Sie liefen vorsichtig die Straße entlang. Ein paar Minuten später kamen sie an Kyrills Werkstatt an. Sie sah verlassen aus.

»Ob er weggegangen ist?«, fragte Romy.

Vorsichtig stieß Julian mit dem Fuß gegen die Tür. Sie sprang auf.

»Kyrill?«, fragte Julian leise, während er am Türrahmen vorbei lugte.

»Kyrill!«, rief Romy wesentlich lauter.

Plötzlich sauste etwas zur Tür. Romy zuckte zusammen, Julian lachte. Es war nur Roberta. Sie fuhr in der Werkstatt herum und fegte Schrauben zusammen. Ihre leuchtenden Lämpchen-Augen fixierten die beiden Kinder. Dann bewegte Roberta ihren Kopf ruckartig nach hinten. Julian und Romy sahen sich kurz an. Vorsichtig betraten sie die Werkstatt.

Kyrill saß zusammengesunken auf seinem Motorrad. Sein Kopf und seine Arme lagen auf dem Lenker. Er schien zu schlafen. Sanft stupste Romy ihn an. »Kyrill?«, flüsterte sie.

Beide Kinder fuhren mit einem großen Satz zurück, als Kyrill aufschreckte und sie verdattert anstarrte.

»Kinderchen! Was ihr wollt beim alten Kyrill?«, fragte er müde. »Ihr bekommt nur wieder Ärger!«

»Wir wollten sehen, wie es dir geht …«, sagte Romy und lächelte ihn an.

»Und wir wissen, wer uns den ganzen Mist eingebrockt hat!«, vervollständigte Julian den Satz.

»Ich chab euch den Mist eingebacken!« Kyrill ließ den Kopf wieder sinken. »Ich chätte euch niemals in Labor fehren dyrfen!«

»Das ist doch Quatsch mit Soße!«, sagte Julian auf seine ganz eigene einfühlsame Art. »Wenn, dann haben wir dir Probleme bereitet! Nein, Mauke ist schuld!«

Kyrill hob den Kopf ein wenig: »Wieso Mauke?«

»Er hat den Supersonic stehlen lassen«, sagte Romy aufgeregt. Gleichzeitig rief Julian dazwischen: »Ekuam! – Ekuam ist Mauke rückwärts!«

Kyrill sah ihn erstaunt an. »Wie konnten wir übersehen?« Er stieg vom Motorrad ab und lief im Kreis durch die Werkstatt.

»Natyrlich! Wir myssen gehen zur Politsiya.«

»Politsiya? Ach du meinst Polizei. Das geht nicht. Die würden uns nur auslachen! Meine Mutter hat doch gar keine Anzeige erstattet, dass ihr etwas gestohlen wurde.« Julian schüttelte den Kopf und Romy ergänzte: »Nein – wir müssen unbedingt noch einmal ins Institut und herausfinden, wo der Verstärker ist und ihn selbst zurückholen! Wer weiß, was Mauke damit alles anstellt. Nicht, dass was Schlimmes passiert!«

»Wie wollen wir machen daaas?«, fragte Kyrill und hob den Kopf.

»Da werden wir schon einen Weg finden«, sagte Romy und ihre Augen blitzten unternehmungslustig.

»Ich chab Chausverbot in Institut!«, sagte Kyrill. »Deswegen ich kann nicht mitkommen … Aber ich sage euch aaanderen Weg wie ihr tagsyber chinejn kommt!«

Kapitel 9

Der verschwundene Verdächtige

Eine Viertelstunde später fuhren sie mit der Autotram wieder einmal zum Institut. Dieses Mal stiegen sie eine Haltestelle vorher aus und schlichen sich an das Gebäude heran. Auf der anderen Seite, so hatte Kyrill es ihnen auf einem kleinen Plan eingezeichnet, war eine Feuertreppe. Sie führte bis ganz nach oben. Schnell kletterten sie auf der Leiter in den zweiten Stock und tippten den Code, den ihnen Kyrill gegeben hatte, in das Kästchen neben der Tür.

»Nachts ist nicht meeeglich zu eeffnen. Aber tagsüber Schloss ist aktiv wegen Brandgefahr. Es ist eine Notausgang. Dyrfte kejne Probleme geben«, hatte Kyrill ihnen erklärt.

Der kleine Kasten summte. Dann hörten sie ein leises Klicken und die Tür öffnete sich. Romy und Julian spähten durch den Spalt. Sie waren im Bürotrakt – wie Kyrill gesagt hatte. Zu Maukes Zimmer mussten sie den Gang runter und dann links. Wachsam schauten sie sich um. Sie wollten niemandem über den Weg laufen, denn das Gerücht mit dem verwüsteten Reinraum hatte sich bestimmt schon herumgesprochen – dafür hat Mauke sicherlich gesorgt.

Als sie gerade um die Ecke biegen wollten, packte Romy Julian am T-Shirt.

»Achtung!«, zischte sie ihm zu und spähte um die Ecke. »Da sind meine Eltern. Sie schütteln gerade diesem schmierigen Mauke die Hand. Mein Vater sieht etwas erleichtert aus. Das ist gut. Das da links muss das Büro von Mauke sein. Oje, er schließt es ab. Aber was macht er jetzt?«

»Keine Ahnung! Hinterher …«

Das war nicht so einfach, denn sie mussten warten, bis Romys Eltern verschwunden waren. Schnell huschten sie den Gang entlang und sahen gerade noch, wie Mauke im Techniklabor verschwand. Als sie kurz darauf an der Sicherheitstür ankamen, stand sie offen.

»Das ist aber sonderbar«, sagte Julian. »Eine Sicherheitstür, die offen ist«.

Romy zeigte mit dem Finger auf einen Zettel neben der Tür. »Achtung Sperrzone! Das Betreten des Techniklabors ist strengstens untersagt. Hier laufen wichtige Ermittlungen.« las sie vor. »Gezeichnet Prof. Dr. Oswald Eduard Mauke.«

Sie betraten trotzdem das Labor. Es war leer. »Mauke muss im Reinraum sein«, flüsterte Julian.

Schnurstracks rannten sie zur Schleuse. Mutig betätigte er den

Schalter neben der Milchglasscheibe, so wie er es bei Romys Vater beobachtet hatte.

Der Reinraum war leer. Romy und Julian standen ungläubig vor der Glasscheibe.

»Er … er … ist weg!«, stammelte Romy. Julian gewann als erster die Fassung wieder.

»Es muss noch einen anderen Ausgang geben! Komm Romy.« Julian ging zur Schleuse und gab dort den Code ein, den er von Kyrill erhalten hatte. Sie machten sich daran, die Schutzkleidung aus den Schränken zu nehmen.

»Was ist, wenn uns jemand erwischt? Meine Eltern glauben mir nie wieder was!« Romy streifte sich die Schutzkleidung über und sah sich unsicher um.

»Willst du Mauke hochgehen lassen oder nicht?« Julian öffnete die Tür zum Reinraum, sie traten ein. Voller Eifer untersuchte Julian sämtliche Gegenstände, kroch unter Tische und versuchte einen versteckten Schalter zu finden. »Irgendwas muss es hier doch geben … irgendwie muss hier doch ein Hebel sein! Los, hilf mir mal, Romy!«

Beide Kinder suchten und suchten, doch sie konnten nirgends einen Mechanismus finden …

Romy zuckte zusammen. Aus dem Vorraum hörte sie eine Stimme.

»Da ist jemand in der Schleuse!« Ihr Herz setzte für einen Moment aus.

»Los, versteck dich!«, zischte Julian ihr zu und kroch schnell unter den Tisch neben der Tür. Auch Romy konnte sich gerade noch unter den Tisch retten, als die Tür aufging.

Es war Joscha. Er hielt ein Mobiltelefon an sein Ohr. »Ja, Professor … in Ordnung, Professor … natürlich, Professor!«

Während er telefonierte, schritt er an die gegenüberliegende Wand und trat an ein Mikroskop. Er drehte an einem der Rädchen und einen Moment später öffnete sich ein Spalt in der Wand, in dem Joscha verschwand.

Als der Spalt wieder geschlossen war, sprang Julian auf: »Ich wusste es! Das Mikroskop! Los Romy, wir müssen ihm folgen …«

Ohne zu zögern sprangen die Kinder auf und liefen zum Mikroskop. Julian drehte das Rädchen und die Geheimtür ging auf. Schnell schlüpften sie hindurch.

Am Ende eines grauen, spärlich beleuchteten Ganges konnten sie Joscha gerade noch um die Ecke biegen sehen.

Kapitel 10
Die Entdeckung

Vorsichtig liefen Romy und Julian den Gang entlang, der ständig leicht nach unten führte. Sie bemühten sich, keine Geräusche zu machen und Joscha nicht zu nahe zu kommen. Auf ihrem Weg kamen sie an Archiven vorbei, in denen sich alte Akten stapelten. Dann gab es Räume, aus denen merkwürdige Geräusche kamen.

»Hör mal, Julian«, flüsterte Romy, »das klingt, als wäre hier die Heizung – und jetzt hört es sich an wie das Pumpen und Saugen aus den Versorgungsräumen, die Kyrill uns gezeigt hat.«

Links, rechts, rechts, links … der Geheimgang war ein richtiges Labyrinth. Immer weiter ging es nach unten. Nun war die Mauer des Tunnels auch nicht mehr aus Beton, sondern aus Stein. Die Abstände, in denen die schwachen Lämpchen angebracht waren, wurden größer, das Licht immer schummriger. Als sie wieder um eine Ecke schlichen, versperrte ihnen eine Reihe mannshoher Tonnen mit gelben

Aufklebern den Weg. Unter einem Totenkopfsymbol stand: »Vorsicht! Giftiger Müll!«

Joscha war nicht mehr zu sehen.

»Wo ist er hin?« flüsterte Romy.

»Keine Ahnung! Hier ist er sicherlich nicht durch. Wir müssen ihn an der letzten Kreuzung verloren haben.«

Sie hasteten dorthin zurück. Aber welchen Weg hatte Joscha wohl genommen?

»Und jetzt? Links? Rechts? Geradeaus?«

Julian zuckte mit den Schultern »Woher soll ich das wissen? Geradeaus sieht es so dunkel aus. Ich glaub nicht, dass Joscha da lang gegangen ist.«

Sie blickten sich an, unsicher, welchen Weg sie einschlagen sollten. Was, wenn sie sich verlaufen würden? Hier unten würde sie niemand finden …

Julian kniete sich hin, legte sein Ohr auf den Boden und lauschte. Romy machte es ihm nach. Sie konnten ein leichtes Vibrieren spüren, aber nicht herausfinden, woher es kam.

»Julian, wir…«

»Pssst!« unterbrach er Romy schroff. »Ich höre Stimmen! Komm!«

Julian sprang auf und hastete in den linken, unbeleuchteten Tunnel. Romy folgte ihm. Sie prallten unsanft zusammen.

»Was …«

»Still!«

Julian sah sich um und zog seine Freundin noch ein Stück weiter in den dunklen Gang.

»Da kommt jemand …«

In der Dunkelheit hinter ihnen raschelte etwas. Romy schaute über ihre Schulter, doch sie konnte nichts erkennen. »Bestimmt 'ne Ratte!«, flüsterte Julian und drückte sich ein wenig fester an Romy.

Die Stimmen kamen näher. Zwei Männer in weißen Reinraumoveralls, mit kugelrunden Helmen unter den Armen, spazierten an ihnen vorbei. Als sie einige Meter entfernt waren, zischte Romy:

»Los hinterher!« So leise wie möglich verfolgten Romy und Julian die beiden Männer.

Bald war diese Vorsicht nicht mehr nötig. Immer lauter wurden die Geräusche und Stimmen, die von der Tunnelwand widerhallten. Befehle wurden gerufen. »Testphase 1 – erfolgreich abgeschlossen. Vorbereiten für Phasen 2 und 3!«, schallte es vom Ende des Ganges. Was war da los? Offensichtlich näherten sie sich dem Zentrum des Geschehens. Auch die Stimmen waren nun nicht mehr zu verstehen: Ein tiefes, gleichförmiges Brummen übertönte alles andere.

Julian und Romy kamen an das Ende des Ganges. Vor ihnen tat sich ein höhlenartiger Raum auf. In seiner Mitte stand eine metallverkleidete, kastenförmige Maschine. Sie war fast so groß wie Kyrills Garage. Oben auf der Vorderseite gab es einen Trichter und eine Antenne – ähnlich wie bei einer Satellitenschüssel. Auf dem Boden lagen dicke Kabel. Sie liefen aus der Maschine in einen Nebenraum und endeten in einer Reihe von Behältern, die aussahen wie übergroße Gefriertruhen.

»Was ist das?«, flüsterte Romy. Julian zuckte mit den Schultern. Sie gingen hinter einem dicken Rohr in Deckung. Romy tippte Julian an und zeigte auf vier Männer, die beieinander standen.

Zwei davon waren die Kerle aus dem Tunnel. Sie setzten gerade die Helme auf und sahen dadurch aus wie eine Mischung aus Astronaut und Motorradfahrer. Die Helme hatten ein getöntes Visier, das mal rot und mal blau leuchtete.

80

Und da war Joscha! Er stand neben Mauke! Die beiden hatten ihre Helme noch nicht auf. Sie schienen sich über etwas zu unterhalten, das in einem Glasbehälter vor ihnen auf dem Tisch lag. Die beiden anderen Männer notierten irgendetwas eifrig in ihren Papieren. Julian nahm das Handy aus seiner Tasche und machte heimlich Fotos.

Einer der beiden unbekannten Männer nahm vorsichtig etwas aus dem Glasbehälter und eilte zu einer Treppe, die auf die Maschine führte. In seiner rechten Hand hielt er eine glänzende Kugel, in deren Innerem sich merkwürdig verschachtelte Platten befanden. Solche oder ähnliche Platten kannte Romy aus ihrem Computer. Ihr Vater hatte ihn einmal auseinandergenommen. »Das muss der Supersonic sein«, vermutet Romy.

»Julian, lass uns die Schutzanzüge ausziehen, wir stolpern immer darüber. Mauke hat auch keinen an, also ist es ungefährlich.«

Julian schwenkte das Handy in der Luft hin und her, um irgendwie Empfang zu bekommen.

»Mist! Ich wollte Kyrill die Fotos und unsere Position senden, aber hier unten gibt es kein Netz!« Enttäuscht steckte er das Telefon wieder in die Hosentasche.

Mauke und Joscha setzten die Helme auf.

Sie gingen zu einem Schaltpult, das von mehreren Monitoren umgeben war. Joscha begann konzentriert auf der Tastatur herumzutippen, während Mauke an verschiedenen Knöpfen drehte. Das Brummen wurde noch lauter. Außerdem war nun auch ein Sirren und Zirpen zu hören wie von einer Grille – nur viel lauter.

Der Mann kam die Treppe wieder herunter und gab Mauke ein Zeichen.

Julian und Romy sahen sich erschrocken an. Irgendwas mussten sie doch tun können? Sie blickten sich um.

»Wir müssen da rauf!«, schrie Romy Julian ins Ohr und zeigte auf die Plattform an der Maschine. »Wir müssen den Supersonic holen und hier verschwinden, bevor sie uns entdecken.«

Am Schaltpult gab Mauke das Kommando für den Start. Voller Vorfreude rieb er sich die Hände. Endlich würden sich alle seine Wünsche erfüllen.

Mauke drückte den Startknopf …

Kapitel 11

Die Rettung

Eine Sirene ertönte, orangefarbene Warnlampen leuchteten auf, der Countdown begann. Mauke und seine Männer sammelten sich aufgeregt vor den Monitoren. »Fünf, vier, drei, zwei, eins – Programm gestartet!«

Die Antenne an der Vorderseite der Maschine begann sich zu drehen – immer schneller und schneller. Blitze züngelten an ihrer Spitze. Gleichzeitig begann der Boden zu beben. Das Zirpen wurde fast unerträglich. »Klar, deshalb haben sie diese dämlichen Helme auf«, dachte Romy und hielt sich die Ohren zu.

Die leuchtende Oberfläche der Maschine tauchte den Raum abwechselnd in farbiges Licht. Rot, orange, gelb, grün, hellblau, blau und violett. »Die Farben des Regenbogens!«, schoss es Romy durch den Kopf.

Gespannt starrte Mauke auf die Bildschirme vor sich.

Plötzlich gab es einen Knall.

Alle Lichter blitzten kurz auf. Dann gingen sie schlagartig aus. Stille und Dunkelheit tauchten den Raum in einen gespenstischen Zustand. Es roch verbrannt. Diesen Moment nutzten Romy und Julian, um die Treppe zum Supersonic hochzuklettern.

»Verdammtverflixtundzugenäht!«, schallte es aus der plötzlichen Stille. Romy und Julian standen oben auf der Treppe, als die Notbeleuchtung anging.

Von hier konnten sie sehen, wie Mauke seinen Helm auf den Boden schleuderte, um ihn dann voller Zorn an die Wand zu kicken. Einer seiner Handlanger lief eilig auf ihn zu und sagte etwas. Mauke fauchte ihn an und haute ihm auf den Helm.

Das war die Gelegenheit! Maukes Wutausbruch zog alle Aufmerksamkeit auf sich. Wild entschlossen griff Julian nach dem Supersonic, um ihn aus der Kuhle zu nehmen. Er war sehr glatt und kalt – das hatte Julian nicht erwartet. Er konnte ihn gerade so mit einer Hand umfassen und musste aufpassen, dass er ihm nicht aus den Fingern glitt.

Romy und Julian bemühten sich, schnell und trotzdem möglichst lautlos die Treppe nach unten zu gelangen. Maukes Gebrüll war immer noch zu hören. Er fluchte und zeterte. »Da gibt man sich solche Mühe und dann? JOSCHA! Was ist da passiert? Ich dachte, der Verstärker ist funktionsbereit?«

»Ist er, Herr Professor! Ist er! Ich habe es nachgerechnet und geprüft … im kleinen Maßstab war kein Problem zu erkennen! Der

Supersonic funktioniert! Wahrscheinlich gab es ein Problem bei Ihrem Energiesauger«, verteidigte sich der Student.

Romy und Julian erreichten die letzte Treppenstufe. Sie schlichen zu einer Tür, die sie hinter der Maschine entdeckt hatten, in der Hoffnung dort einen Ausgang zu finden.

»Er ist weg! Der Supersonic ist verschwunden!«, brüllte Mauke plötzlich. »Mehr Licht! Macht mehr Licht und sucht ihn! LOS!«

Mit einem Knacken zündeten die Lampen, heller als vorher, und beseitigten jeden Schatten in der weitläufigen Halle.

»Da sind zwei Kinder!«, rief einer der Männer.

»Kinder? Da sind Kinder … DIE Kinder! Fasst sie!« Mauke zeigte auf Julian und Romy und ruderte wild mit dem Arm. »Wenn sie euch entkommen, seid ihr alle GE-FEU-ERT!«

Romy und Julian rannten in Richtung Tür. Doch die zwei Typen in den weißen Overalls schnitten ihnen den Weg ab. Einer riss Julian den Superverstärker aus der Hand. Dann wurden sie gepackt und zum Schaltpult gezerrt. Die Männer stellten sich hinter ihnen auf.

Mauke kam auf sie zu. Er sah Romy und Julian nacheinander an. Seine Augen funkelten böse.

»Ihr schon wieder! Ihr könnt meinen Plan nicht verhindern! Ich, Oswald Eduard Mauke, WERDE! MEINEN! ENERGIESAUGER! in Gang setzen! Mithilfe des Superverstärkers werde ich das Signal verzigtausendfachen. Das verleiht MIR die Macht, alle Energie dieser Welt abzusaugen und zu speichern! Ich werde das Energie-Monopol besitzen und allen Menschen Strom zum zehnfachen Preis verkaufen … und dann … ja dann werde ich unvorstellbar reich sein! Und mir alles kaufen können, was ich will. Eine eigene Insel, eine Luxusjacht, Juwelen und und und … nun ja, wir werden sehen! Aus meinen Augen mit ihnen! Ich will diese kleinen Rotzlöffel nicht mehr sehen.«

Äußerst unsanft wurden sie in einen kargen, fensterlosen Raum gestoßen und eingesperrt. Eine Glühlampe spendete halbherzig etwas Licht. Julian brüllte und hämmerte mit seinen Fäusten gegen die massive Tür.

»Klasse!«, schimpfte Julian, als er von seinem sinnlosen Tun abließ und sich bockig in eine der Ecken stellte.

Nach einiger Zeit des Wartens schaute Julian auf das Handy – schon eine Stunde saßen sie in ihrem Gefängnis. Sie hockten sich auf den Steinboden und spielten zur Ablenkung TicTacToe im Staub.

»Was unsere Eltern wohl jetzt machen?« Romy malte eine kleine Blume auf den schmutzigen Boden.

»Was wohl dieser Mauke mit uns machen wird?« Julian stützte seinen Kopf in die Arme. Genau in dem Moment klackte und surrte es plötzlich an der Tür. Romy hob die linke Augenbraue und sah Julian fragend an.

Sekunden später fiel das Türschloss scheppernd auf den Boden. Die Tür schwang auf und Roberta rollte bunt blinkend herein. In einem ihrer Greifer hielt sie den Superverstärker! Das linke Lämpchen-

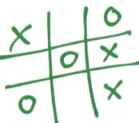

Auge des kleinen Roboters blitzte immer wieder auf. Fast so, als ob er ihnen zuzwinkerte … Plötzlich leuchtete im Display über Robertas Kopf eine Schrift auf: »Schnell! Folgt mir!« Zweimal links, dreimal rechts. Kyrill hatte Roberta alle Gänge und Wege des Instituts einprogrammiert. Sie fand den Ausgang ohne Zwischenfälle. Schließlich fuhr sie über eine Rampe auf eine Tür zu. Julian und Romy liefen hinterher.

Erleichtert stießen sie die Tür auf und sahen eine Treppe vor sich – der Nebeneingang. Romy packte Roberta und sie spurteten nach oben.

Ein frischer Wind schlug ihnen entgegen und lautes Motorenknattern. Kyrill saß lachend auf seinem GasOmoto, mit Fliegerbrille und Motorradjacke. Irgendwie hatte der Hausmeister es endlich geschafft, sein Spezial-Motorrad zum Laufen zu bringen.

»Kyrill, wie …?«, fragten sie wie aus einem Mund.

»Nicht fragen, Chelme aufsetzen und einstejgen!«, rief er über das laute Knattern des Motors hinweg.

Schnell sprangen sie in den Beiwagen. Kyrill gab Vollgas. Das Gefährt knatterte laut auf. Er fuhr auf schnellstem Weg zu seiner Werkstatt, um mit den Kindern zu beraten, was als nächstes zu tun sei.

»Wie hast du uns gefunden?«, schrie Romy kaum verständlich aus dem Helm hervor.

»Ich chabe das E-Mail gelesen, das Julian mirr geschickt chat«, brüllte Kyrill zurück. Julian zog das Handy aus der Tasche und

schaute verwundert auf das Display. »Letzte gesendete Nachricht 16:17 Uhr«, las er da. War das nicht genau der Moment gewesen, in dem er den Superverstärker aus der Maschine genommen hatte? Konnte es sein? Vielleicht hatte der Superverstärker das Handysignal verstärkt …

»So ich chabe eych gefunden. Und mein kleines Robertachen hat Rest erledjigt.« Kyrill lachte laut auf.

Plötzlich zischte es und sie wurden langsamer.

»Nicht jetzt!«, rief Kyrill, während er bei vollem Tempo anfing am Motor herumzufummeln. Sie rollten schließlich an den Straßenrand.

»Miiist!«, fluchte er, als sie nach dem Fehler suchten.

»Müllgas ist alle, meine Freunde! Tut mir leid! Ich chätte Reserva einpacken missen!«

Sie ließen das GasOmoto am Straßenrand zurück und rannten das letzte Stück des Weges. Kyrill nahm Roberta auf den Arm, denn so schnell war sie noch nicht.

Dann hielten sie Kriegsrat: Wo konnten sie den Superverstärker verstecken, bis sie entschieden hatten, wie sie am besten weiter vorgehen sollten?

»Das Baumhaus«, schlug Romy vor.

Die Idee gefiel ihnen allen, denn sie waren überzeugt, dass Mauke nichts davon wusste. Das Problem war nur, dass Julian die Fernbedienung für die Strickleiter nicht mehr hatte. Sie mussten irgendwo eine Leiter herbekommen. Kyrill lachte: »Eyne, Kinderchen? Ich chabe Dutzende! Ich bin Chausmeister.«

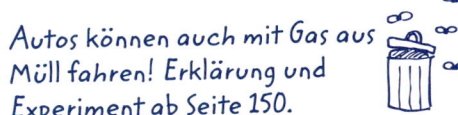

Autos können auch mit Gas aus Müll fahren! Erklärung und Experiment ab Seite 150.

Kapitel 12

Ein bittersüßes Ende

Sie fanden eine besonders leichte, mehrfach ausziehbare Klappleiter. Romy und Kyrill nahmen sie auf die Schulter.

»Zum Glück ist es nicht weit!«, sagte Romy, die neuen Mut gefasst hatte.

Allerdings mussten sie den umständlicheren Weg durch die Gärten nehmen. Sie wollten nicht, dass irgendjemand sie sah. Julian trug Roberta, damit sie nicht in den Beeten stecken blieb. Sie hielt den Superverstärker immer noch fest in ihrem Greifer.

»Fast geschafft, da ist schon unser Haus!«, rief Romy außer Atem.

»Endlich!«, keuchte Julian. »Auf Dauer wirst du ganz schön schwer … puuuh!«, stöhnte er und setzte Roberta ab.

Sie wollten gerade mitsamt der Leiter in die Weidenhecke klettern und zum Baumhaus kriechen, da hielt Romy inne. »Wartet. Da sind Stimmen.«

Julian stieg auf Kyrills Schultern und spähte hinüber. »Ohoh!« sagte er.

»Was ist los?«

»Wir haben richtig große Probleme!«

Mauke, Joscha und die zwei Handlanger standen zusammen mit ihren Eltern im Garten hinter Julians Haus. Die weißen Overalls hatten sie in der Eile gar nicht erst ausgezogen. Mauke brüllte und tobte: »Wo sind ihre nichtsnutzigen Kinder! Sie sind heute schon wieder ins Institut eingebrochen. Diesmal haben sie höchst geheime Unterlagen gestohlen!«

Romys Vater stand mit hängendem Kopf vor ihm, ihre Mutter weinte und wurde von Julians Mutter getröstet. Romy war ganz komisch zumute, als sie die Szene durch die Hecke betrachtete. Das hatte sie nicht gewollt.

»Oh nein! Die haben aber schnell gemerkt, dass wir weg sind!«

Die ursprüngliche Idee, den Supersonic im Baumhaus zu verstecken, konnten sie vergessen. Ein neuer Plan musste her.

Als die drei die Köpfe zusammensteckten, bemerkte Kyrill plötzlich, wie sich Roberta in Bewegung setzte.

»Roberta! Duuummes Roboterchen! Komm zuryck!«, flüsterte Kyrill so laut wie nur möglich. Aber der kleine Roboter hörte nicht. Den Superverstärker fest im Griff, rollte er durch die Hecke direkt auf die Eltern von Romy und Julian und auf Mauke zu.

Unbemerkt kam Roberta an Julians Mutter heran und stoppte neben ihren Füßen. Sie fuhr einen ihrer Arme aus und zupfte am Laborkittel, den die Wissenschaftlerin immer noch trug. Doch Frau Zimatschek bemerkte die kleine Maschine überhaupt nicht. Roberta verstärkte ihre Bemühungen, sodass sie den Saum des Kittels abriss. Verdutzt starrte Julians Mutter erst auf Roberta und dann auf den Superverstärker, den sie ihr entgegenstreckte.

Behutsam nahm sie den Supersonic an sich. Roberta zeigte auf Mauke, der sich gerade an Romys Vater wandte.

» … Ihre Arbeitsstelle können SIE vergessen! Ihre Frau auch! Und Sie, Frau Zimatschek, brauchen an Ihre Projekte gar nicht mehr zu denken!«, beendete Mauke seine Schimpftirade.

»Herr Professor!«, flötete Julians Mutter. »Kennen Sie das hier?«

Sie hielt Mauke den Superverstärker vor das Gesicht.

»Da ist er ja! Natürlich kenne ich MEINEN Supersonic …«

Einer von Maukes Begleitern schüttelte heftig den Kopf. Aber zu spät, der falsche Professor hatte sich verraten.

»IHREN Supersonic?«, mischte sich Romys Mutter ein.

»IHREN Supersonic?«, wiederholte Julians Mutter. Sie wurde wirklich ärgerlich. Sie trat auf Mauke zu und bohrte ihm ihren Finger in die Brust. »Wissen Sie eigentlich, wie viel Arbeit und Zeit in diesem kleinen Wunderwerk stecken? Und SIE lassen es einfach stehlen und haben dann noch die Frechheit es als IHRE Entwicklung auszugeben?«

»Und das ist noch nicht alles!« Von der Seite des Hauses kamen Männer in Uniform auf Mauke zu. »Kommissar Blaumeier – guten Abend. Herr Mauke, Sie wurden angezeigt wegen illegaler Abfallentsorgung, mehrfacher Dokumentenfälschung und unerlaubten Führens akademischer Titel. Ich nehme Sie hiermit fest. Sie haben das Recht zu schweigen. Alles was Sie sagen, kann und wird vor Gericht gegen Sie verwendet werden. Sie haben das Recht auf einen Anwalt.«

Aus ihrem Versteck in der Hecke beobachteten Romy, Julian und Kyrill, wie einer der Beamten dem fluchenden und mit den Händen fuchtelnden Mauke Handschellen anlegte. »Ich bin unschuldig!«, schrie er empört mit dunkelrotem Kopf. »Ich bin ein seriöser Wissenschaftler. Das werden Sie noch bereuen …«

»Danke für Ihre Hinweise«, der Kommissar wandte sich an Joscha und schüttelte ihm die Hand. Alle sahen die beiden erstaunt an.

Julian trat aus dem Gebüsch: »Joscha hat den Superverstärker gestohlen.«

Der Student wollte gerade mit einer Verteidigungsrede beginnen, da drehte sich der Kommissar zu Julian hin. »Junger Mann, was hast du denn hier zu sagen? Herr Tentrup hat uns bei unseren Ermittlungen geholfen. Inwieweit er sich dabei strafbar gemacht hat, ist unsere Sache.«

Romy kam ihrem Freund zu Hilfe und stellte sich vor Blaumeier: »Wir haben die Spuren verfolgt und den Supersonic in Maukes …«

»Professor Doktor Mauke!«, verbesserte der Verhaftete.

»…in Maukes Geheimlabor gefunden! Außerdem ist Mauke gar kein echter Wissenschaftler. Er hat sich seine Doktor- und Professorentitel im Internet gekauft.«

»Geheimlabor, kein Wissenschaftler?«, fragte Romys Vater und blickte seine Tochter an.

»Ja – ein Geheimlabor, unter dem Institut. Darin steht eine eigenartige Maschine! Der Energiesauger. Mit dem will er alle Energie der Welt einsammeln und speichern und reich werden und eine Insel kaufen! Mauke ist ein Verbrecher!« Die Worte überschlugen sich fast, während Romy sprach. Nun kam auch Kyrill aus dem Versteck, bereit, die Kinder bei ihren Erzählungen zu unterstützen.

Romy und Julian berichteten von ihrem Abenteuer und wie sie den Supersonic zurückholen wollten. Zuerst hörten ihnen ihre Eltern gespannt zu, aber dann löcherten sie sie mit Fragen über Fragen. Es war ein heilloses Durcheinander.

Auf ein Zeichen von Blaumeier wurde Mauke abgeführt. Dann begann er ein wenig Ordnung in die Geschichte zu bringen und nahm die ersten Aussagen von Romy und Julian auf.

Joscha wandte sich entschuldigend an die Kinder. »Mir war dieser Professor nicht ganz geheuer. Er verstand nicht viel von der Forschung am Institut. So begann ich Beweise zu sammeln und fand heraus, dass Mauke ein Betrüger ist. Es stimmt. Er hat gar nicht studiert, sondern seine Titel einfach gekauft. Das ist ungeheuerlich, denn das ist absolut verboten und gegen das Gesetz. Die Polizei riet mir, vorerst still zu halten. Und auch als Mauke mich zwang, den Superverstärker zu stehlen, musste ich mitmachen. Ich wollte ihn gegen eine Kopie austauschen. Habe die Tests immer wieder hinausgezögert … und als Mauke euch schließlich beschuldigte, den Reinraum verwüstet zu haben, dachte ich, es sei nur fair, euch ein paar Hinweise zu geben …«

»Dann sind die E-Mails von dir!« Ungläubig schaute Julian Joscha an, der heftig nickte.

Irgendwas gab ein lautes Grummeln von sich.

»Oh! Ich hab riesigen Hunger.« Julian lachte. Erst jetzt spürte auch Romy ihren leeren Magen.

Julians Mutter steckte den Supersonic in die Kitteltasche und breitete die Arme aus. »Ich bin so stolz auf dich, mein Sohn!«

Julian zögerte. »Und der Hausarrest?«

»Darüber reden wir noch, Julian. Aber du kannst deine Freundin sehen, sooft du willst. Wenn ihre Eltern nichts dagegen haben!« Julian blickte zu den Lohses. Die nickten lächelnd.

»Und das Internat?«

»Komm her, du Rabauke!« Julian und seine Mutter umarmten sich liebevoll.

Kyrill stand mit fröhlichem Gesicht daneben. Dann drehte er sich zu Roberta. »Komm her mein kleines Robertachen! Du chast Kyrill grosses Gefallen gemacht!«

Da fragte Romy plötzlich: »Sag mal, Roberta. Wie hast du es eigentlich geschafft, den Superverstärker zurückzuholen?«

Alle sahen den kleinen Roboter an. Roberta legte ihren Kopf schief, gestikulierte und ihre Lämpchen-Augen blitzten rot und gelb. Doch so richtig verstehen konnte sie keiner. Es würde wohl ihr Geheimnis bleiben.

»Ich muss machen, dass du kaanst sprechen!« überlegte Kyrill laut und tätschelte ihr den Kopf.

Der Abend wurde noch lang. Kyrill holte seinen selbstgebastelten Grill. »Macht schnell und lange Feuer«, erklärte er. Während sie aßen, unterhielten sie sich über die letzten Tage.

Die Kinder erzählten, wie sie herausgefunden hatten, wo die Tür zu Maukes Geheimversteck war. Dass sie gemeinsam mit Kyrill den Code des Handys geknackt hatten. Und dass Kyrill ihnen gezeigt hatte, wie ein Verstärker funktioniert.

Sie erfuhren, dass der Superverstärker ein Projekt war, an dem Romys Eltern und Julians Mutter gemeinsam arbeiteten. Romys Vater hatte das Schutzmaterial entwickelt und ihre Mutter – noch von zuhause aus – die Programme, die die Funktionen steuern. Aber die Idee und die Konstruktion stammten von Martina Zimatschek. Julians Mutter war eine geniale Erfinderin. Gemeinsam mit ihren Kolleginnen und Kollegen hatte sie den Superverstärker in mühsamer

Detailarbeit zusammengesetzt. Für den letzten Schliff und erste Tests hatte sie den fast fertigen Prototypen zu sich nach Hause geholt.

»Ich habe immer aufgepasst, dass niemand an ihn herankommt«, erklärte sie. »Aber dieser Telefonanruf vor zwei Tagen, das war ein Trick, um mich aus dem Haus zu locken.«

»Und die Gärtner hat sicher Mauke beauftragt, um die Spuren zu verwischen«, fügte Romy hinzu.

Romys Vater schenkte allen selbstgemachte Zitronenlimonade ein.

»Das Prinzip des Verstärkers hat Kyrill euch ja gezeigt. Der Supersonic könnte für so vieles verwendet werden – zum Beispiel könnte

er das Signal von Telefonen verbessern. Dort, wo sonst kein Empfang ist.« Julian und Romy sahen sich an. Das war die Erklärung! Der Supersonic hatte wirklich die E-Mail an Kyrill geschickt. Herr Lohse kam ins Schwärmen: »Eine Radiobatterie könnte eingesetzt werden, damit ein Auto von der nördlichsten Ecke Deutschlands bis zur südlichsten kommt – ohne Stopp zum Aufladen …« Die beiden Frauen blickten ihn an und nickten begeistert.

»Leijder es so ist, dass aales zu Gutes und Bööses gebraucht werden kaan.« Kyrill war hinter der riesigen Schüssel voll Salat kaum zu sehen.

Alle hielten mit dem Essen inne und schwiegen.

Kyrill blickte auf und sah verwundert in die Runde. »Was los mit eych? Lasst uns fröhlich seijn und Sieg gegen Mauke fayern!« Er klatschte vor Freude in die Hände und alle lachten befreit auf.

Was dann geschah ...

Julian und Romy hatten trotz allem zwei Wochen Hausarrest. Sie waren ja ausgebüxt und ohne Erlaubnis ins Institut eingestiegen. Darüber wollten ihre Eltern nicht hinwegsehen. Aber Julian bekam die Fernbedienung für die Strickleiter wieder. Die beiden durften sich im Baumhaus treffen, wann immer sie mochten. Nach den zwei Wochen zeigte Julian Romy seinen Lieblingsplatz am Baggersee. Dort konnte man wunderbar baden gehen. Und nachmittags fuhren sie oft zum Sportplatz und spielten Fußball mit den anderen Kindern der Wissenschaftler vom Forschungscampus. Als Julian von einem Match mal wieder mit einem aufgeschlagenen Knie nach Hause kam, versorgte seine Mutter ihn mit einem neuen Pflaster. Es wechselte nicht die Farbe und zeigte so, dass die Wunde gut verheilte.

Romys Vater forschte weiter an seiner Leuchtkleidung und Romys Mutter begann offiziell ihre Arbeit am Institut. Sie entwickelte ein Programm, das Kindern und Erwachsenen half mehr Sport zu trei-

Gibt es ein Pflaster, das erkennt, ob eine Wunde heilt? Die Antwort findest du ab Seite 154.

ben. Sie testete es selbst und ging seither zweimal die Woche joggen. Für den »Antischweinehund« erhielt sie den Innovationspreis »Sehr nützlich und total ungefährlich«. Darauf war Romys Mutter besonders stolz.

Julians Mutter arbeitete weiter meistens von zuhause aus. Woran genau, wollte sie wie immer nicht verraten. Aber sie machte ein paar Andeutungen. Romy und Julian schlossen daraus, dass es darum ging, Solarzellen effektiver zu machen – mithilfe des Supersonic.

Joscha wurde abgemahnt und musste das Institut verlassen. Der Diebstahl des Supersonic war nach Ansicht des Direktors nicht zu entschuldigen, auch wenn Joschas Hinweise letztlich zur Ergreifung Maukes geführt hatten. Von einer Anzeige sah er jedoch ab.

Mauke kam ins Gefängnis. Er hatte sämtliche Dokumente gefälscht, um sich ins Institut einzuschleichen. Es stellte sich heraus, dass er kein renommierter Wissenschaftler war, sondern ein Betrüger und Verbrecher. Die Tonnen mit dem Giftmüll wurden aus dem Tunnel unter dem Institut geborgen und sicher entsorgt.

Als die Polizei jedoch den Energiesauger beschlagnahmen wollte, war das Geheimlabor leer. Bis heute forscht Kommissar Blaumeier nach seinem Verbleib.

Und Kyrill?

Kyrill bekam seinen Job am Institut wieder. Während seiner Freizeit bastelte er meist mit Roberta weiter an der Verbesserung seines

Wie kann man den inneren Schweinehund überlisten? Nachschauen auf Seite 158.

GasOmotos. Ab und zu überraschte er die Kinder mit lustigen Experimenten.

Und gelegentlich greift er auch noch heute zu seinem Explor-Obskurometer und wandert durch die Gärten der Nachbarschaft. Vielleicht begegnest du ihm ja irgendwann?

Romys und Julians Infoarchiv

E-Mail-Eingang		

E-Mail schreiben   **Antworten**   **Löschen**   **Ist Werbung**

Absender	Betreff	Anhang
Eicke Weber	Wie funktioniert eine Solarzelle?	📎
Holger Hanselka	Auto fahren mit Strom? Wie geht das?	📎
Paul Chojecki	Wie kann man den Bildschirm durch Gesten steuern?	📎
Klaus Scherer	Wie wird ein Haus intelligent?	📎
Jens Tübke	Wie macht man aus Obst Strom?	📎
Michael Schott	Wie wird aus Blumen Schokoladeneis?	📎
Hans-Martin Henning	Mit Sonnenlicht kühlen? Wie geht denn das?	📎
Karl Leo	Was ist so besonders an rollbaren Displays?	
Dominique Seydel	Warum können Autos miteinander reden?	📎
Gerhard Stryi-Hipp	Wie sieht die Ökostadt der Zukunft aus?	📎
René Beigang	Was sieht ein „Nacktscanner" eigentlich wirklich?	📎
Ursula Schließmann	Wie lässt sich ein Auto mit Müll antreiben?	📎
Karlheinz Bock	Warum weiß das Pflaster, ob eine Wunde heilt?	📎
Jakob Rehof	Wie kann ich den inneren Schweinehund überlisten?	

Mauke
lügt

Strom aus Obst?

Noch mehr
Freundschaftsseiten

Wie funktioniert eine Solarzelle?

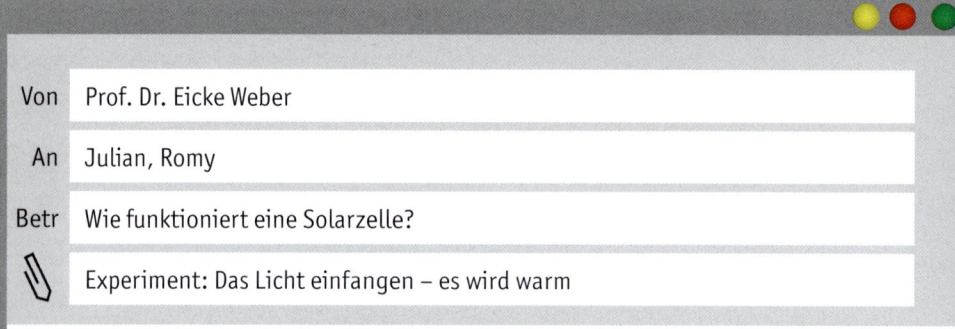

Von	Prof. Dr. Eicke Weber
An	Julian, Romy
Betr	Wie funktioniert eine Solarzelle?
✎	Experiment: Das Licht einfangen – es wird warm

Liebe Romy,

deine Mutter hat mir erzählt, dass du eine dringende Frage auf dem Herzen hast. Du wolltest wissen, wie eine Solarzelle funktioniert. Also, das ist eigentlich ganz einfach:

Die Sonne ist eine schier unerschöpfliche Energiequelle für die Erde. Fast alle Energie, die wir heute nutzen, geht im Grunde auf die Sonne zurück. So hat die Sonne vor vielen Millionen von Jahren Urwälder wachsen lassen, die dann zu Kohle, Erdöl und Erdgas wurden, unseren heutigen Energiequellen. Aber diese Energiequellen sind nicht unerschöpflich und die Anzahl der Menschen auf der Erde ist stark angewachsen. Dazu kommt, dass sich unsere Atmosphäre verändert, wenn wir Kohle, Öl und Gas verbrennen – das könnte schlimme Folgen für unser Klima auf der Erde haben.

Daher müssen wir die Sonnenenergie direkter nutzen. Das Material Silizium, das wir auch für den Bau von Computern verwenden, hilft uns dabei: Es wandelt Sonnenlicht direkt in elektrischen Strom um. Das Licht erzeugt im Silizium elektrische Ladungsträger, die entgegengesetzt geladen sind, also positiv und negativ. Wenn wir nicht aufpassen, kommen deren Ladungen gleich wieder zusammen und wir haben Sonnenenergie verloren. Wenn es uns aber gelingt, die Ladungen schnell genug zu sammeln, bevor sie wieder zusammentreffen, kann man damit Strom erzeugen. Dabei müssen die positiven Ladungen auf eine Seite der Solarzelle und die negativen auf die andere.

Vor vielen Jahren war Solarstrom noch sehr teuer, heute aber kostet der Strom vom Dach eines Hauses so viel wie der Strom aus der Steckdose. Daher sieht man jetzt auch überall Dächer mit Solaranlagen. In den nächsten Jahren werden wir noch viel mehr dieser Solaranlagen bauen, da sie immer billiger werden. Sonnenstrom zu ernten ist nicht nur bei uns möglich, sondern auf der ganzen Welt. Besonders im Süden ist Sonnenstrom billiger, da dort die Sonne stärker scheint.

Im Anhang findest du ein Experiment, wie man Licht einfangen kann. Probier es doch einfach mal mit deinem Freund Julian aus. Dazu habe ich dir Bilder mitgeschickt, die dir zeigen, wie eine Solarzelle „in echt" aussieht.

Viel Spaß und liebe Grüße an deine Mutter

Eicke Weber

 Das Licht einfangen – es wird warm

Wie funktioniert eine Solarzelle?

Das Licht einfangen – es wird warm

So geht's:

Umwickle eine Dose mit dem weißen, die andere mit dem schwarzen Papier. Du kannst die Dosen stattdessen auch schwarz und weiß anmalen. Dann fülle beide Dosen mit gleich viel Wasser, decke sie ab und stelle sie in die Sonne. Lass sie mindestens zwei Stunden so stehen und miss dann die Temperatur in beiden Dosen. Das Wasser in der schwarzen Dose ist wärmer als das Wasser in der weißen Dose.

Du brauchst:

1 Thermometer

1 Blatt weißes Papier

1 Blatt schwarzes Papier

Klebeband/Klebefilm

1 Schere

2 Blechdosen (unbedingt die gleiche Größe nehmen)

Sonne

Was steckt dahinter?

Wenn die Sonne auf einen Gegenstand scheint, wird ein Teil der Sonnenstrahlen reflektiert, also zurückgeworfen, der andere Teil wird vom Gegenstand „geschluckt" und in Wärme umgewandelt. Je dunkler der Gegenstand ist, desto mehr Sonnenstrahlen werden zu Wärme. Schwarz absorbiert (also schluckt) fast alle Strahlen und heizt deshalb stärker auf.

Solarthermie

Auto fahren mit Strom? Wie geht das?

Von	Prof. Dr.-Ing. Holger Hanselka
An	Julian, Romy
Betr	Auto fahren mit Strom? Wie geht das?
✎	Experiment: Der einfachste Elektromotor der Welt

Lieber Julian,

du wolltest wissen, wie ein Elektroauto funktioniert und was sich ändert, wenn wir alle mit Strom fahren.

„Los, gib Gas!" Dieser Satz ist bei Elektroautos ganz falsch. Es müsste heißen: „Los, gib Strom!" Denn hier wird der Motor nicht von heißem Gas angetrieben, sondern von Strom aus einem Akku. Der Stromspeicher ersetzt den Sprittank und der Elektromotor den Verbrennungsmotor.

Der eckige Akku ist unter den Sitzen eingebaut und wiegt 250 Kilo – halb so viel wie eine Kuh. Er enthält chemische Stoffe, die Energie speichern und wieder abgeben können. Wenn der Akku leer ist, kann man ihn an einer Steckdose aufladen. Das dauert eine oder ein paar Stunden, je nachdem wie stark der Ladestrom ist. Für Elektroautos soll es bald überall im Land Ladestationen geben.

Der Motor eines Elektroautos summt leise. Man erkennt diese Autos auch daran, dass sie keinen Auspuff haben. Bald sollen viel mehr Elektroautos über unsere Straßen rollen. Warum? Sie sind sparsam und produzieren keine Abgase. Allerdings müssen

Fußgänger auch besser aufpassen, denn E-Autos hört man kaum. Wenn man sie mit Strom aus Sonne und Wind betankt, verbrauchen sie weder Öl noch Kohle. Außerdem ist das Aufladen viel billiger als das Betanken mit üblichen Brennstoffen.

Vermutlich werden wir in ein paar Jahren verschiedene Autos nutzen: Ein Elektroauto dient für die kurzen Wege zum Einkaufen. Für den Ausflug am Wochenende dient ein Elektroauto mit einem „Range Extender". Das ist ein kleiner Benzinmotor, der Strom erzeugt, wenn der Akku leer ist. Für die lange Urlaubsreise braucht man ein herkömmliches Auto, damit man Hunderte Kilometer fahren und schnell tanken kann. Ob man dann drei Autos besitzt oder vielleicht nur ein Elektroauto und sich ein anderes Modell nach Bedarf mietet, wird die Zukunft zeigen.

Woran müssen wir noch arbeiten? Die Akkus von heute machen zu schnell schlapp. Forscher tüfteln daran, dass Akkus mehr Energie speichern können. Noch sind Elektroautos deutlich teurer als normale Autos. Das wird sich ändern, wenn mehr E-Autos gebaut werden, denn dann wird die Herstellung günstiger.

Was passiert mit den Akkus, wenn sie ausgedient haben? Forscher arbeiten daran, wie sich die chemischen Stoffe in den Akkus wiederverwerten lassen, damit sie der Umwelt nicht schaden.

Du siehst also, die Sache ist interessant und das Autofahren wird uns auch in Zukunft viel Spaß machen.

Liebe Grüße von
Holger Hanselka

 Der einfachste Elektromotor der Welt

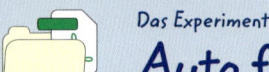
Der einfachste Elektromotor
der Welt

So geht's:

Halte die Schraube mit der Spitze an den einen Pol einer Batterie und hänge den Zylindermagneten an das flache Ende der Schraube. Die Schraube wird nun vom Magneten gehalten. Verbinde über das Kabel den anderen Pol der Batterie mit dem Magneten (halte einfach das eine Ende an den noch freien Pol der Batterie, das andere Ende an den Magneten). Der Magnet fängt an sich schnell zu drehen.

Was steckt dahinter?

Der Magnet sorgt dafür, dass die Schraube selbst magnetisch wird und am Pol der Batterie hängen bleibt. Magnet und Schraube bilden den Rotor des Elektromotors. Da die Schraube mit ihrer Spitze an der Batterie hängt, kann sie sich ohne viel Reibung drehen. Doch warum dreht sich der Motor überhaupt? Das liegt zunächst einmal an dem hohen Strom, der von der Batterie durch das

Kabel, den Magneten und die Schraube wieder zurück zur Batterie fließt. Dabei muss der Strom auch das Magnetfeld des Zylindermagneten durchfließen. Das wiederum erzeugt eine Kraft, die den Strom ablenkt. Als Reaktion darauf entsteht eine Gegenkraft, die den Magneten dreht. Im Alltag nutzt dieser kleine Elektromotor allerdings wenig, denn er ist sehr wackelig konstruiert und hat nur einen geringen Wirkungsgrad, ist also nicht besonders stark.

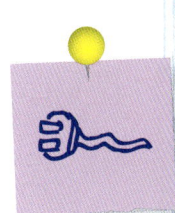

Wie kann man den Bildschirm durch Gesten steuern?

Von	Paul Chojecki
An	Julian, Romy
Betr	Wie kann man den Bildschirm durch Gesten steuern?
📎	Experiment: Den Freund mit Gesten steuern

Lieber Julian,

du hast mich angerufen und gefragt, ob ich dir erklären kann, wie man einen Bildschirm durch Gesten steuert. Am besten, ich erklär dir das schriftlich, dann kannst du die Antwort in Ruhe lesen. Danach probier doch selbst mit Romy aus, ob das wirklich geht.

Menschen verstehen Zeichensprache meist ohne Probleme. Bei Computern ist das schwieriger. Will man einen Bildschirm nur durch Gesten steuern, also ohne ihn zu berühren, müssen zwei Voraussetzungen erfüllt sein: Zum einen muss der Bildschirm an einen Computer mit einer speziellen Erkennungs-Software angeschlossen sein. Zum anderen müssen am oberen Rand des Bildschirms kleine Kameras angebracht sein.

Diese Kameras nehmen die Hand- und Fingerbewegungen der Person auf, die in einem bestimmten Abstand vor dem Bildschirm steht. Über die Software und die Kamerabilder kann der Computer die Bewegung der Finger erkennen. Allerdings nur bestimmte Bewegungen – mit dem Zeigefinger auf etwas zeigen, die ausgestreckte Hand von rechts nach links bewegen, um beispielsweise eine Datei zu verschieben oder Buchseiten „umzublättern" oder mit der ausgestreckten Hand auf den Bildschirm

deuten. Die Bewegungen wandelt der Computer dann in Befehle um: „Datei öffnen"
oder „nächste Seite". Das geschieht ohne Zeitverzögerung. Der Computer erkennt die
Bewegungen der Finger also sofort und nicht erst eine Sekunde später.

Die Kamera arbeitet sehr genau, schon kleinste Fingerbewegungen von wenigen
Millimetern erkennt sie. Wo kann man solche Bildschirme brauchen? Zum Beispiel bei
interaktiven Computerspielen, Infopoints in Museen oder Schaufenstern, wo man sich
dann bestimmte Produkte genauer ansehen kann.

Ich hoffe, ich konnte dir bei deiner Frage helfen.

Viel Spaß beim Selbsttesten und viele Grüße
Paul Chojecki

 Den Freund mit Gesten steuern

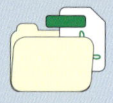 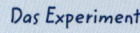
Wie kann man den Bildschirm durch Gesten steuern?

Den Freund mit Gesten steuern

So geht's:

Verabrede mit einem Freund oder einer Freundin bestimmte Handgesten und dazu passende Bewegungen.

Zum Beispiel

- In die Hände klatschen bedeutet „umdrehen".
- Mit dem Finger auf den anderen zeigen bedeutet „in die Hocke gehen".
- Mit den Fingern schnipsen bedeutet „hüpfen".
- Daumen nach oben bedeutet „laut lachen".
- Daumen nach unten bedeutet „hinlegen".

Versucht nun, euch gegenseitig mit den Bewegungen zu steuern bzw. schnell auf die verschiedenen Gesten des Anderen zu reagieren. Oder denkt euch andere Gesten und „Befehle" aus und versucht damit euren Freund oder eure Freundin von einem Ort zum anderen laufen zu lassen.

Hier steuert die
Frau den Bildschirm
mit Gesten

Wie wird ein Haus intelligent?

Von	Klaus Scherer
An	Julian, Romy
Betr	Wie wird ein Haus intelligent?
📎	Experiment: Eine Rechenaufgabe zum Stromverbrauch

Hallo Romy,

man hat mir im Institut erzählt, dass du dich für Forschung und Technik interessierst und dich fragst, ob Häuser mitdenken können. Ich helfe dir bei dieser Frage gerne weiter.

Häuser können nicht so denken wie wir Menschen. Aber Häuser können sich schlau verhalten, wenn wir ihnen intelligente Technik einbauen. Beispielsweise sparen sie dann jede Menge Energie. Oder die Räume und Häuser passen auf alte Menschen auf, damit ihnen nichts Schlimmes passiert.

Um Häuser schlau zu machen, müssen wir in den Baukasten der Elektronik greifen. Stell dir vor, dass in Wände, Decken und Fußböden der Häuser lauter kleine PCs eingebaut werden, die miteinander verbunden sind. Diese ganz kleinen PCs haben aber keine Bildschirme, keine Tastaturen und auch keine Festplatten, sondern nur ihre schlaue Elektronik mit einem kleinen Programm. An diese kleinen Computer sind viele Sensoren – das sind elektronische Augen, Ohren und Nasen – und Aktuatoren, also elektronische Hände, angeschlossen.

Doch was tut ein schlaues Haus? Geht es ums Energiesparen, analysiert das Haus beispielsweise den elektronischen Kalender auf dem PC: Wann sind die Bewohner im Haus und wann nicht? Sind sie nicht da, stellt es die Heizung kälter. Öffnen die Bewohner im Winter die Fenster zum Lüften, schließen sie aber nicht wieder, dreht das Haus die Heizkörper unter den Fenstern auf kalt, damit keine Wärme zum Fenster hinaus verschwindet. Ach ja, das mit dem Kühlschrank funktioniert in Wirklichkeit nicht ganz so wie in der Geschichte, denn wer würde seinem Kühlschrank schon erlauben, selbstständig in seinem Namen Lebensmittel zu bestellen? Aber der Kühlschrank könnte einen erinnern, welche Dinge zu besorgen sind. Dafür bekommen alle Produkte einen kleinen Chip eingebaut. Nimmst Du dann zum Beispiel die Saftflasche heraus und stellst sie nicht mehr zurück, dann merkt das der Kühlschrank und könnte dann auf Anfrage zusammenstellen, welche Produkte ausgegangen sind.

Das Haus passt auch auf ältere Menschen auf: Es merkt zum Beispiel durch den Bewegungsmelder, wann die ältere Dame ins Badezimmer geht und wann sie wieder herauskommt. Ist sie nach 30 Minuten noch nicht erschienen, was nicht normal ist, schickt das Haus den Nachbarn oder dem Pflegedienst eine SMS auf das Handy: „Bitte schaut nach, ob ein Notfall passiert ist." Weiterhin merkt ein intelligenter Teppich mit vielen vernetzten Sensoren sofort, wenn die ältere Dame stürzt und holt Hilfe. Im Badezimmerspiegel erinnern Leuchtsymbole die ältere Dame an die Einnahme der Medikamente und zeigen ihr an, welche Medikamente sie nehmen soll.

Ich habe dir in den Anhang eine Rechenaufgabe gepackt, da kannst du den Stromverbrauch errechnen. Ich bin schon gespannt, was du dabei herausfindest.

Liebe Grüße aus dem Institut
dein Klaus Scherer

 Eine Rechenaufgabe zum Stromverbrauch

Eine Rechenaufgabe zum Stromverbrauch

So geht's:

Such dir in einem Gebäude, vielleicht in eurem Wohnhaus, einen Raum, der über Bewegungsmelder das Licht ein- und ausschalten kann. Gehe in den Raum und kontrolliere wie das Licht angeht, ohne dass du einen Schalter bedienen musst, und wie das Licht wieder ausgeht, wenn du den Raum verlässt.

Stell dir vor, das wäre ein Kellerraum mit einer 100-Watt-Lampe, in den du nur einmal in der Woche für 12 Minuten gehst. Nur in den 12 Minuten würde das Licht brennen, da heißt für 0,2 Stunden. Wenn du vergisst das Licht auszuschalten, bedeutet das, dass die Lampe 24 Stunden brennen würde, wenn du sie erst am nächsten Tag zur gleichen Zeit wieder ausschalten würdest. Der Bewegungssensor sorgt aber dafür, dass das Licht nur 0,1 Kilowatt (100 Watt) mal 0,2 Stunden Energie verbraucht, also 0,02 Kilowattstunden.
Eine Kilowattstunde kostet z. B. 0,25 Euro (25 Cent). Also würden die 12 Minuten mit eingeschalteter 100-Watt-Lampe nur 0,005 Euro, das heißt einen halben Cent kosten (0,1 Kilowatt mal 0,2 Stunden mal 0,25 Euro).

Rechne aus, wie viel Euro die Sensor-Lampe spart, wenn z. B. das Licht eine ganze Woche im Keller leuchten würde, weil du vergessen hast es auszuschalten (7 mal 24 Stunden). Außer Geld und Energie spart die schlaue Lampe auch CO_2. Wenn der Strom im Kraftwerk erzeugt wird, entsteht dabei CO_2, was für die Umwelt und das Klima schädlich ist.

Wohnen der Zukunft

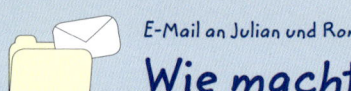

Wie macht man aus Obst Strom?

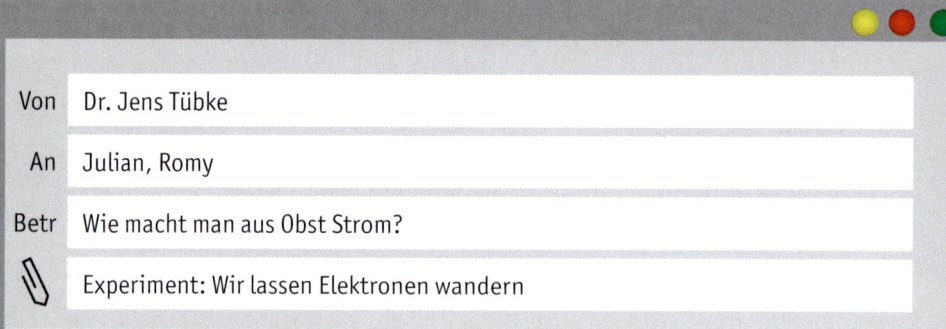

Von	Dr. Jens Tübke
An	Julian, Romy
Betr	Wie macht man aus Obst Strom?
📎	Experiment: Wir lassen Elektronen wandern

Lieber Julian,

du möchtest also wissen, wie eine Batterie funktioniert und ob du dir auch selber eine zu Hause bauen kannst?

Alessandro Volta, ein italienischer Physiker, hat 1799 die erste Batterie gebaut. Alles was er dazu benötigte, waren zwei unterschiedliche Metalle und eine Säure. Wenn du es ihm nachmachen möchtest, kannst du als Säure zum Beispiel den Saft von verschiedenem Obst oder Gemüse verwenden; Zitronensaft eignet sich sehr gut – schmeckt ja auch ordentlich sauer. Steckst du nun zwei verschiedene Metalle, zum Beispiel zwei Nägel aus Kupfer und Zink, in die saftige Zitrone, hast du bereits eine fertige Batterie mit einem Plus- und einem Minuspol. Viel anders hat es Herr Volta damals auch nicht gemacht!

Wenn du die beiden Nägel außen über ein Strommessgerät oder einen Verbraucher (Glühlämpchen) verbindest, startet in der Zitrone eine chemische Reaktion: Es sind elektrische Ladungen unterwegs. Dieser Stromfluss entsteht durch die unterschiedlichen Eigenschaften der beiden Metalle.

Beide Metalle bestehen aus positiv und negativ geladenen kleinsten Teilchen. Diese ziehen sich untereinander stark an. Da im Eisen die negativen Teilchen jedoch weniger stark von den positiven Teilchen angezogen werden als im Kupfer, gibt das Eisen seine negativ geladenen Teilchen an das Kupfer ab, sobald die beiden Metalle durch die Zitrone miteinander verbunden werden. Die negativ geladenen Teilchen heißen Elektronen und diese Elektronenwanderung kannst du als elektrischen Stromfluss mit dem Messgerät messen.

Die Zitronenbatterie schafft als Spannung gerade mal 1,1 Volt und dabei fließt auch nur ein sehr geringer Strom. Die Spannung kannst du verändern, indem du unterschiedliche Metalle miteinander kombinierst: versuche es doch mal mit Kupfer, Eisen, Aluminium oder Zink! Auch die Größe deiner Metallstücke hat einen Einfluss auf deine Batterie: Je größer die Fläche, umso mehr Elektronen können zur gleichen Zeit ausgetauscht werden.

Kombinierst du zwei gleiche Metalle, fließt kein Strom.

Du kannst natürlich auch andere Früchte probieren, zum Beispiel Äpfel, Birnen oder Apfelsinen. Und du kannst auch mehrere Batterien hintereinander schalten, indem du immer einen Pluspol der einen Batterie mit dem Minuspol der anderen Batterie (also immer zwei unterschiedliche Metalle) verbindest. Damit erhöhst du die Spannung deiner Batterie.

Aber Achtung! Ganz wichtig ist: Die verwendeten Früchte musst du nach dem Versuch unbedingt wegwerfen - keinesfalls darfst du sie essen! Die Stromproduktion ist ein chemischer Prozess, der die Früchte vergiftet!

Viel Vergnügen beim Ausprobieren und herzliche Grüße

Jens Tübke

 Wir lassen Elektronen wandern

Wir lassen Elektronen wandern

So geht's:

Am besten du halbierst die Zitrone und steckst in die Schnittfläche deine beiden Metalle so, dass sie sich nicht berühren, sonst gibt es einen Kurzschluss.

An jede Elektrode wird jeweils ein Stück Klingeldraht angeschlossen, am besten mit einer Krokodilklemme. Zur Not kannst du den Draht auch jeweils mit einer einfachen Klammer anbringen. Mit einem Spannungsmessgerät, das du an den beiden Drahtenden anschließt, wird die Spannung gemessen, die deine Zitronenbatterie liefert. Als Verbraucher kannst du nun die unterschiedlichsten Sachen ausprobieren: Glühlämpchen, Spielzeugmotoren oder auch eine kleine Leuchtdiode. Sollte die Spannung nicht ausreichen, um den Verbraucher zu versorgen, kannst du mehrere Zitronenbatterien hintereinander schalten.

Du brauchst:
1 Zitrone
1 Nagel aus Kupfer
1 Nagel aus Eisen oder Zink
2 Krokodilklemmen
etwas Klingeldraht

126

ein Test für
neue Batterien

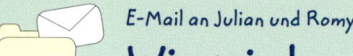

E-Mail an Julian und Romy

Wie wird aus Blumen Schokoladeneis?

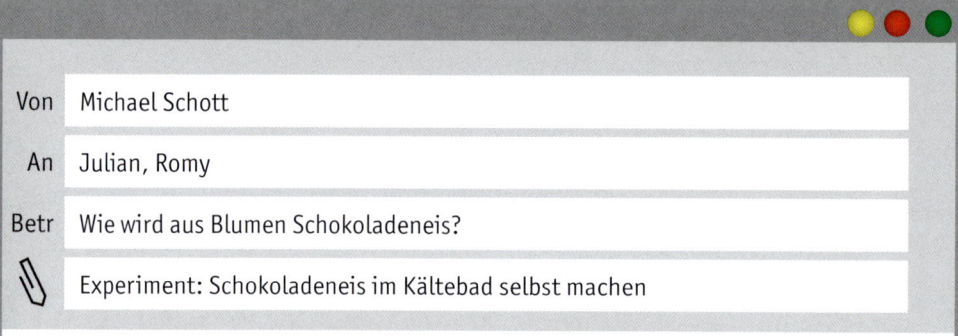

Von	Michael Schott
An	Julian, Romy
Betr	Wie wird aus Blumen Schokoladeneis?
✎	Experiment: Schokoladeneis im Kältebad selbst machen

Liebe Romy, lieber Julian,

ihr wolltet wissen, wie aus Blumen Schokoladeneis wird. Das ist ganz einfach:

Leckeres Speiseeis besteht aus verschiedenen Zutaten. Um diese Zutaten, zum Beispiel Fruchtsaft und Sahne, verbinden zu können, braucht man Eiweiß. Aus der Küche wisst ihr, dass sich eine Salatsoße aus Essig und Öl nicht verbindet, das Öl setzt sich immer wieder auf dem Essig ab. Gibt man Senf dazu, verbindet sich beim Rühren das Öl mit dem Essig – es entsteht ein Gemisch, das sich nicht mehr trennen lässt, eine „Emulsion". Was hier der Senf erledigt, übernimmt beim Eis das Eiweiß.

Außerdem bildet Eiweiß einen Schaum, wenn man es kräftig rührt. Und wir wollen lockeres, schaumiges Eis haben! Auch Schaum kennst du aus der Küche: Beim Aufschlagen von Eiklar entsteht ein Schaum aus Luftblasen und flüssigem Eiklar, der Eischnee. Schäume sind ein Gas, das in einer Flüssigkeit gebunden ist.

Bei der Herstellung von Speiseeis stammt das Eiweiß meist aus Milch oder aus Eiern, also von Tieren. Das Eiweiß für unser Eis kann aber auch aus den Samen einer Blume gewonnen werden! Die Pflanzen blühen und aus der Blüte entwickeln sich die Samen, mit denen die Pflanze sich fortpflanzt. Der Samen enthält Bestandteile, die er braucht, um im Boden anzuwachsen – unter anderem Eiweiß. Und dieses Eiweiß gewinnen wir, um es im Eis zu verwenden.

Zwischen zwei Mühlsteinen entfernen wir die Schalen der Samen und pusten sie mit einem Luftstrom weg. Zurück bleiben zwei Halbkerne, die beim Keimen die Keimblätter ausbilden würden. Diese pressen wir zu Flocken, um mit Wasser das Eiweiß herauslösen zu können. Aus diesem Eiweiß stellen wir eine Art pflanzliche Milch her. Milch besteht aus Öl, Wasser und Eiweiß. Beim kräftigen Rühren entstehen kleine Öltröpfchen, die durch das Eiweiß mit dem Wasser verbunden werden: Das Eiweiß sitzt auf der Oberfläche der Öltröpfchen und vermittelt zwischen dem Wasser und dem Öl, damit sie sich nicht trennen. Zu dieser Milch geben wir noch Zucker und für Schokoladeneis Kakao hinzu. Jetzt frieren wir die Milch ein und rühren dabei ständig, damit das Eis schön schaumig wird.

Im Anhang findet ihr ein Experiment, das euch zeigt, wie man Schokoladeneis selbst herstellen kann. Probiert es doch einfach mal aus.

Viel Spaß und liebe Grüße an eure Eltern

Michael Schott

 Schokoladeneis im Kältebad selbst machen

Schokoladeneis im Kältebad selbst machen

So geht's:

Stelle einen Tag vor der Speiseeiszubereitung 1 kg Eiswürfel her: Dazu füllst du die Eiswürfelbeutel oder die Eiswürfelwannen mit mindestens einem Liter Wasser und frierst sie im Tiefkühlschrank ein. Am nächsten Tag stellst du alle Geräte und Zutaten bereit. Zunächst bereitest du das Kältebad vor. Fülle dazu 1 kg Eis in die große Schüssel. Wiege nun 230 g Salz ab und rühre es unter die Eiswürfel. Der Trick des Kältebades besteht darin, dass Eis und Kochsalz sich bei diesem Mischungsverhältnis auf bis zu - 21° C abkühlen, obwohl die Eiswürfel anschmelzen können.

Nun kannst du mit dem Eismix beginnen: Miss im Messbecher 250 ml Sojamilch ab und gib sie in die kleine Schüssel. Die Sojamilch ist wie Kuhmilch ein Gemisch aus Fettkügelchen mit Eiweiß als Vermittler zwischen Fett und dem Wasseranteil (eine Emulsion). Das Päckchen Vanillezucker, Sahnesteif und drei Esslöffel Kakaopulver rührst du mit dem Schneebesen ein.

Du brauchst:

1 große Rührschüssel

1 kleine Schüssel, am besten aus Metall

1 Schneebesen

1 Esslöffel

1 Waage (bis 1 kg)

1 Messzylinder (bis 250 ml)

1 Eiswürfelbeutel oder Eiswürfelwanne

1 Tiefkühlschrank

Für das Eis:

250 ml Sojamilch

1 Päckchen Sahnesteif

1 Päckchen Vanillezucker

Kakaopulver

Leitungswasser für Eiswürfel

Für das Kältebad:

230 g Kochsalz (Natriumchlorid)

Zum Abkühlen und Aufschlagen stelle die kleine Schüssel in die vorbereitete große Schüssel mit der Kältemischung aus Eis und Salz. Die kleine Schüssel muss in das Eis der großen Schüssel eintauchen, damit sie gut gekühlt wird. Jetzt wird es anstrengend: Damit du Schaum erhältst, musst du kräftig mit dem Schneebesen rühren, um

Lecker!

beim langsamen Einfrieren Luft in den Eismix zu schlagen. Dies ist schwierig und Kräfte raubend, deshalb rührst du erst langsam, bis der Eismix sich abkühlt – das bemerkst du daran, dass der Eismix dickflüssiger wird. Genug gerührt hast du, wenn der Eismix kleine Eiskristalle bildet und so dickflüssig ist, dass beim Herausnehmen des Schneebesens die Oberfläche des Eismixes nicht mehr glatt verläuft. Jetzt muss das Eis nur noch im Tiefkühlfach für ungefähr 4 bis 5 Stunden eingefroren werden. Noch ein Tipp: Für andere Eissorten kannst du statt des Kakaos auch Früchte mit etwas Zucker oder fertige Marmelade verwenden.

Mit Sonnenlicht kühlen?
Wie geht denn das?

Von	Dr. Hans-Martin Henning
An	Julian, Romy
Betr	Mit Sonnenlicht kühlen? Wie geht denn das?
📎	Experiment: Tonblumentopf

Hallo Kinder,

im Institut hat man mir erzählt, dass ihr euch für wissenschaftliche Themen interessiert und eine Frage zum Kühlen mit Sonnenlicht habt. Geht das überhaupt? Also passt mal auf, das ist so:

Ja, das geht. Aber wie erzeugt man überhaupt Kälte? Die meisten Kühlanlagen machen das, indem sie Flüssigkeiten verdampfen – denn dazu braucht man viel Wärme. Bei einer Kühlanlage gibt man eine Flüssigkeit, die Kältemittel genannt wird, in einen geschlossenen Behälter, den Verdampfer, und heizt die Flüssigkeit so weit auf, dass sie verdampft. Wenn man jetzt immerzu den entstehenden Dampf absaugt und genauso viel Flüssigkeit nachführt, kann dieser Apparat dauernd Wärme aufnehmen. Beim Kühlschrank zum Beispiel betreibt man den Verdampfer mit der Wärme, die im Inneren des Kühlschranks ist. Man zieht die Wärme also aus dem Kühlschrank raus und er wird innen kalt.

Aber was passiert mit dem Dampf, der fortwährend abgesaugt wird? Hier gibt es zwei Möglichkeiten: Zum einen kann man den Dampf mit einer Maschine – einem Kompressor – auf einen höheren Druck verdichten. Bei entsprechend hoher Temperatur kondensiert der Dampf, das heißt er wird wieder zu einer Flüssigkeit. So wie beim Verdampfen viel Wärme benötigt wird, wird beim Kondensieren viel Wärme frei, die weggeleitet werden muss. Beim Kühlschrank gibt es dafür die warmen Rippen auf der Rückseite. Die entstandene Flüssigkeit fließt wieder in den Verdampfer – so ergibt sich ein geschlossener Kreislauf. Den Kompressor betreibt man meistens mit einem Elektromotor, der Strom dafür kann mit Solarzellen hergestellt werden – also mit Sonnenlicht.

Man kann den Dampf aber auch an einen zweiten Stoff anlagern, einem Sorptionsmittel – ähnlich wie bei einer chemischen Verbindung. Erhitzt man das Sorptionsmittel, gibt es das angelagerte Kältemittel wieder ab, allerdings als Dampf. Um das Kältemittel wieder zu verflüssigen, braucht man auch hier einen Kondensator. Bei diesem zweiten Verfahren benötigt man also keinen Strom, sondern Wärme, um das Kältemittel wieder vom Sorptionsmittel zu trennen. Und auch dafür kann Sonnenstrahlung verwendet werden: Denn Solarkollektoren wandeln Sonnenstrahlung in Wärme um.

Ich hoffe, ich konnte euch helfen und eure Frage beantworten. Ihr könnt aber gerne selbst etwas ausprobieren. Ich habe für euch ein Experiment vorbereitet, viel Spaß beim Nachmachen. Die passenden Bilder findet ihr auch noch dazu.

Liebe Grüße aus dem Institut

Hans-Martin Henning

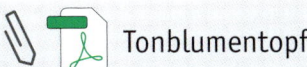 Tonblumentopf

Mit Sonnenlicht kühlen?
Wie geht denn das?

Tonblumentopf

So geht's:

Lege den Tontopf für längere Zeit in Wasser, sodass sich der Ton gut mit Wasser vollsaugt. Wenn
du jetzt den Blumentopf aus dem Wasser nimmst
und in den Wind stellst oder mit einem Ventilator
anbläst, wird sich der Behälter merklich abkühlen. Mit einem normalen Haushaltsthermometer,
das du in den Topf legst, kannst du das messen.

Du brauchst:
1 Blumentopf aus Ton
Wasser
1 Haushaltsthermometer
Wind oder Ventilator

Was steckt dahinter?

Flüssiges Wasser geht beim Verdunsten in Wasserdampf über, der mit der Um-
gebungsluft gemischt wird. Weil beim Verdunsten viel Energie verbraucht
wird, kühlt sich der Tontopf ab. Das kann man zum Kühlen ausnutzen, zum
Beispiel bei Sektkühlern aus Ton.

Kühlen mit Sonne

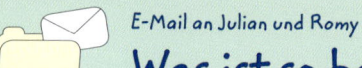
Was ist so besonders an rollbaren Displays?

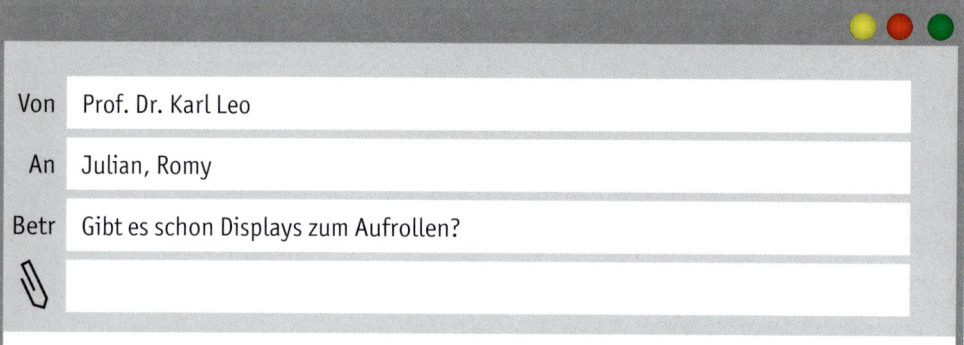

Von	Prof. Dr. Karl Leo
An	Julian, Romy
Betr	Gibt es schon Displays zum Aufrollen?

Lieber Julian,

es scheint, dass du und deine Freundin Romy einen Prototypen gefunden habt. Denn die ersten rollbaren Displays wird man erst 2015 kaufen können. In Zukunft sollen flexible Displays und Leuchten ganze Wände bedecken. So könnte man Wohn- und Arbeitsräume mit Kombinationen aus Beleuchtung und Bildern ganz neu gestalten. Ihr könntet z. B. Computerspiele riesengroß an der Wand sehen oder nachts würde über eurem Bett ein schöner Sternenhimmel leuchten. Hier im Institut wird der Büroflur vielleicht schnell für die Mittagspause zum Wanderweg umgestaltet werden. Der Phantasie sind kaum Grenzen gesetzt.

Die Technologie, die das möglich macht, heißt OLED. Das ist die Abkürzung für die englischen Worte organic light emitting diode – auf Deutsch heißt es: Organische Leuchtdiode. Ein OLED ist ein leuchtendes Bauelement auf einer Folie. Ein Vorteil von OLED-Bildschirmen und -Leuchten ist, dass sie biegsam sein können, ein weiteres Plus ist der sehr hohe Kontrast und dass sie nicht so heiß wie eine Glühlampe werden. Das heißt: Was du auf dem Bildschirm siehst, ist schärfer und die Farben sind leuchtender als bei einem Bildschirm, wie ihr ihn wahrscheinlich zu Hause habt und du kannst sie per Berührung mit den Fingern aus- und anschalten oder dimmen. Momentan ist die Lebensdauer von OLEDs leider noch gering. Aber das bekommen wir mit unserer Forschung auch noch in den Griff.

Wenn du deine Mutter mal wieder im Institut besuchst, dann komm doch bei mir vorbei. Ich zeige dir dann, woran ich gerade arbeite. Außerdem würde ich natürlich auch gern das Handy mit dem ausrollbaren Display sehen. Ich wüsste zu gern, wer das verloren hat.

Viele Grüße

Karl Leo

Eine OLED auf einer biegsamen Kunststofffolie

Warum können Autos miteinander reden?

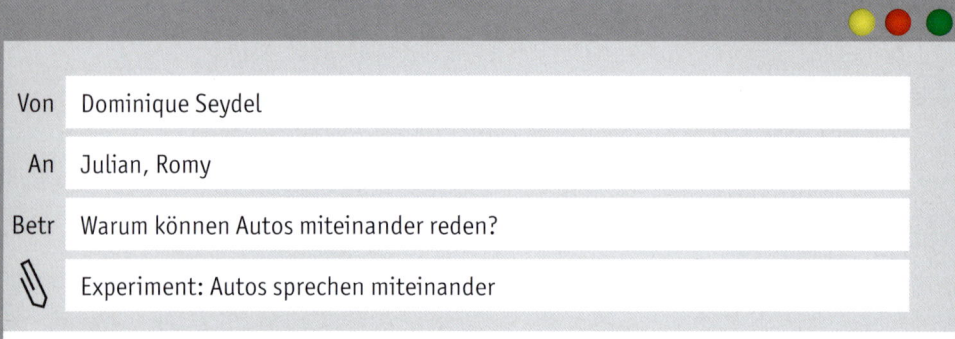

Von	Dominique Seydel
An	Julian, Romy
Betr	Warum können Autos miteinander reden?
	Experiment: Autos sprechen miteinander

Lieber Julian, liebe Romy,

spätestens seit dem Film „Cars" weiß jeder, dass Autos miteinander reden können. Doch die echten Autos haben andere Themen als im Film. Das wichtigste Thema sind gegenseitige Warnungen, wenn es gefährlich wird. „Vorsicht, da hinten liegt ein großer Ast auf der Straße!" könnte ein Auto sagen. Ein anderes: „Ich bin gerade über eine rutschige Stelle gefahren. Sei vorsichtig, wenn du nachher hier vorbei kommst!" Auch Verkehrsmeldungen sind viel aktueller, wenn sie von den Autos selber gesendet werden: „Bei mir gibt es gerade einen langen Stau, fahrt mal lieber woanders lang."

Wie können sich die Autos überhaupt verstehen?

Wenn ein Auto „redet", sendet es über Funkwellen Informationen an andere Autos; ähnlich einem WLAN, womit man zum Beispiel zuhause das Internet ohne Kabel nutzen kann. Die Funkwellen breiten sich in der Luft aus, genauso wie Wellen im Wasser. Ein anderes Auto empfängt die Funkwellen auch noch in 1000 Meter Entfernung und „hört" dadurch die Informationen.

Es kann auch vorkommen, dass zwei Autos so weit voneinander entfernt sind, dass sie sich nicht mehr hören können. Dann wird die Warnmeldung wie beim Staffellauf von einem Auto zum nächsten weitergegeben, bis sie beim Empfänger angekommen ist.

Worüber reden Autos denn?

Autos reden nicht nur miteinander, sondern auch mit Ampeln und Verkehrsschildern. Von denen erhalten Autos wichtige Informationen über den Weg, der noch vor ihnen liegt. Die Ampel sagt ihnen zum Beispiel: „Ich schalte erst in 15 Sekunden auf rot. Wenn du genauso schnell weiterfährst, schaffst du es noch über die Kreuzung." Und das Verkehrsschild teilt ihnen mit, dass man hier nur 30 km/h fahren darf.

Menschen können nicht hören, dass Autos miteinander reden. Wir verraten es: Sie unterhalten sich die ganze Zeit darüber, wie sie uns Menschen die Fahrt so angenehm und sicher wie möglich machen können.

Die Zukunft wird spannend.

Viele Grüße

eure Dominique Seydel

 Autos sprechen miteinander

Autos sprechen miteinander

So geht's:

Die Autos fahren in folgender Reihenfolge: Auto 1 vor Auto 2 und Auto 2 vor Auto 3.

Montiere auf Auto 2 ein LED-Licht und einen Abstandssenor und auf Auto 3 einen Helligkeitssensor. Wenn das Auto 1 bremst, wird der Abstand zu Auto 2 zu gering und das LED-Licht beginnt zu blinken. Der Helligkeitssensor von Auto 3 erkennt das Blinken und weiß „Achtung! Hier wird es gefährlich". Ein Signal kann den Fahrer von Auto 3 warnen. Du siehst: Autos können miteinander sprechen und so passieren weniger Unfälle.

Du brauchst:
— 3 Sensoren, die gibt es fertig zu kaufen:
1. einen Abstands- / Berührungssensor
2. einen Infrarot- / Helligkeitssensor
3. eine LED
— drei Autos, entweder fertige oder aus Bausteinen selbst gebastelte

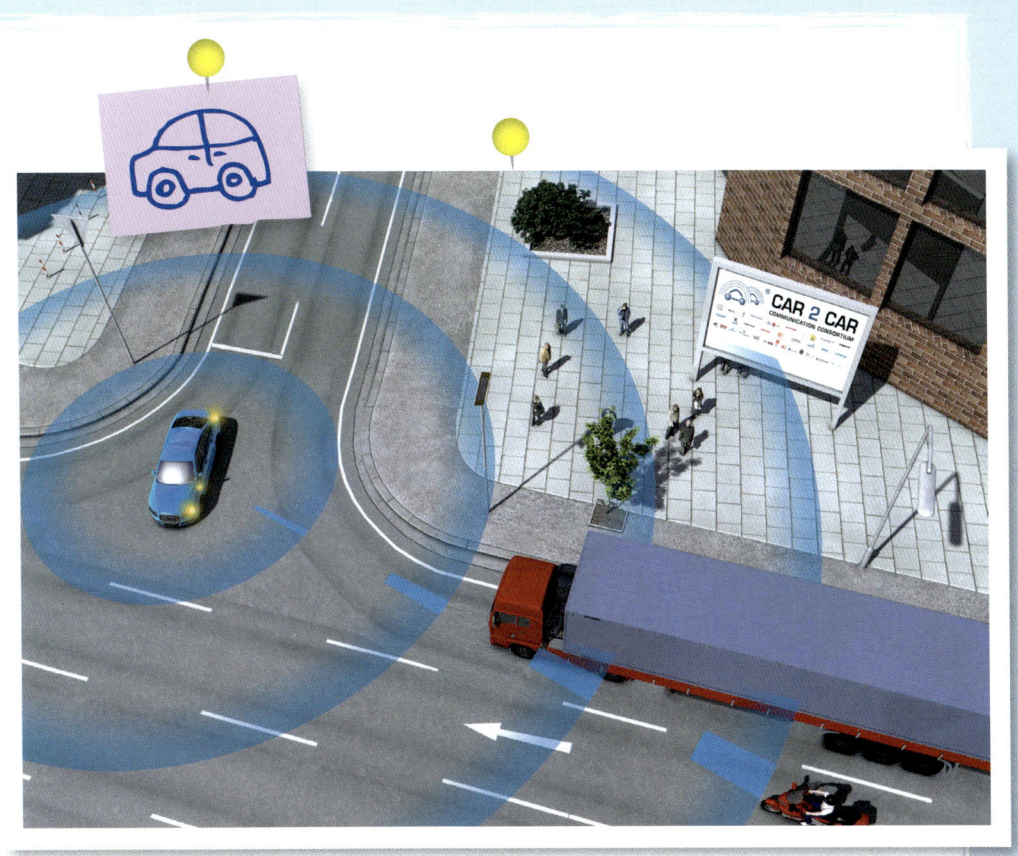

Wie sieht die Ökostadt der Zukunft aus?

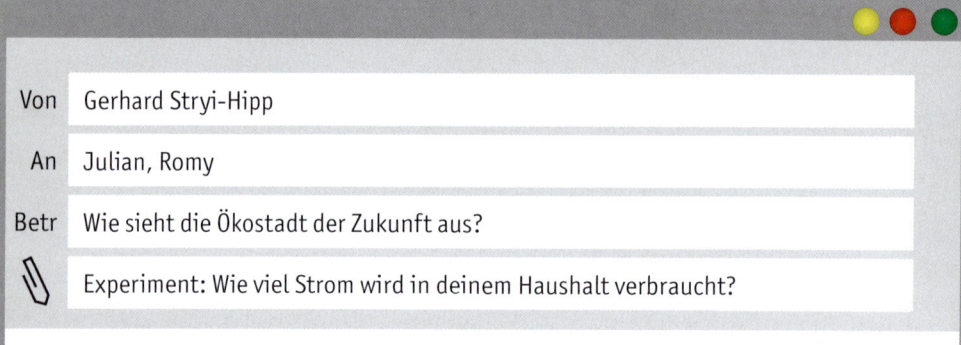

Von	Gerhard Stryi-Hipp
An	Julian, Romy
Betr	Wie sieht die Ökostadt der Zukunft aus?
📎	Experiment: Wie viel Strom wird in deinem Haushalt verbraucht?

Hallo Romy,

du hast mich gefragt, ob ich dir eine Frage zur Zukunft beantworten kann. Ich erkläre es dir am besten per E-Mail. Du möchtest wissen, wie wohl eine Ökostadt der Zukunft aussieht.Dazu kann ich dir Folgendes erzählen:

In der Ökostadt der Zukunft sind die Bürgerinnen und Bürger stolz darauf, dass sie keine klimaschädlichen Gase produzieren und nur so viel Wasser und andere Rohstoffe verbrauchen, wie neu entstehen oder recycelt werden. Die Energieversorgung erfolgt mit erneuerbaren Energien. Energie wird wesentlich sparsamer genutzt: So wissen die elektrischen Geräte beispielsweise, wann der Strom billig ist und schalten sich dann automatisch an. Der Verkehr wird sich stark verändern, die Ökostadt wird lebenswerter und schöner sein, es wird mehr Grünflächen und Plätze geben und wesentlich weniger Lärm.

Die Dächer und Fassaden der Gebäude haben in der Ökostadt eine sehr gute Wärmedämmung und sind meistens mit Solarstromanlagen (Photovoltaik) und Solarwärmekollektoren bedeckt. Durch gut isolierende Fenster kommt viel Tageslicht in die Häuser. Strom wird auch mit Wasserkraft- und Windkraftanlagen erzeugt, am

Rande der Stadt, im Umland auf den Bergen, an der Küste oder vor der Küste im Meer. Die Landwirte produzieren Biogas, das über Gasleitungen in die Stadt fließt. Dort treibt es Blockheizkraftwerke an, die gleichzeitig Strom und Wärme produzieren. Wärme wird mit Solarkollektoren, Holzheizungen, Geothermieanlagen und Wärmepumpen gemacht und mit Nahwärmeleitungen zu den Gebäuden transportiert, die sich nicht selbst mit Solarwärme versorgen.

In der Ökostadt gibt es nur Elektro- oder Wasserstofffahrzeuge, die keine Abgase und fast keinen Lärm erzeugen. Es gibt weniger große Straßen und stattdessen mehr Buslinien, Straßen- und U-Bahnen. Diese fahren viel häufiger, und das Handy sagt einem immer, wann wo die nächste Bahn in die gewünschte Richtung fährt. Die meisten Familien besitzen kein eigenes Auto, sondern leihen sich eines, wenn sie aufs Land fahren oder einen schweren Einkauf machen. Deswegen benötigt man auch viel weniger Parkplätze in der Stadt. Stattdessen gibt es mehr Radwege und Grünflächen, damit die Bürgerinnen und Bürger die Stadt genießen können.

Du kannst ja zusammen mit Julian selbst einmal schauen, wie viel Strom ihr zuhause verbraucht. Wie ihr das machen könnt, habe ich euch aufgeschrieben, im Anhang findet ihr dazu die Infos.

Wenn du noch mal Hilfe brauchst, kannst du dich gerne wieder an mich wenden.

Liebe Grüße

Gerhard Stryi-Hipp

 Wie viel Strom wird in deinem Haushalt verbraucht?

Wie viel Strom wird in deinem Haushalt verbraucht?

So geht's:

Finde heraus, wie viel Strom ihr im Haushalt verbraucht und wie sich der Verbrauch über eine Woche
oder einen Monat verändert. Lies dazu immer zur
gleichen Tageszeit den Stromzähler ab.

Du brauchst:
1 Strommessgerät

Wenn du ein Strommessgerät ausleihst oder deine Eltern eines kaufen, dann
kannst du herausfinden, welche Geräte im Haushalt wie viel Strom pro Tag
verbrauchen. Stecke dazu den Zähler einfach zwischen den Gerätestecker und
die Steckdose.

Bei Lampen kannst du die Wattzahl mit der Brenndauer multiplizieren, um
ihren Strombedarf herauszufinden. Rechne aus, wie viel Strom die Geräte benötigen, deren Strombedarf du nicht messen kannst – wie z.B. der Herd oder
die Umwälzpumpe der Heizung. Dazu musst du den Strombedarf der gemes-
senen Geräte von der Gesamtstrommenge abziehen.

Du kannst den Stromverbrauch eurer Geräte mit dem Verbrauch moderner
Geräte vergleichen, der oft in der Werbung angegeben ist. Frage deine Eltern
nach der Stromrechnung und finde heraus, was eine Kilowattstunde Strom
kostet. Wenn du die jährliche Stromeinsparung bei einem neuen Gerät mit
dem Strompreis multiplizierst, kannst du ausrechnen, wie viele Jahre man
braucht, um die Kosten für ein neues Gerät durch die Einsparungen wieder
hereinzubekommen.

Masdar City

So könnten Zukunftsstädte aussehen

Was sieht ein „Nacktscanner" eigentlich wirklich?

Von	Prof. Dr. René Beigang
An	Julian, Romy
Betr	Was sieht ein „Nacktscanner" eigentlich wirklich?
📎	Experiment: „Nacktscanner" zum Selbstbauen

Liebe Romy, lieber Julian,

ich habe gehört, ihr habt im Institut den „Nacktscanner" ausprobiert. Ich kann verstehen, dass ihr wissen wollt, ob so ein „Nacktscanner" wirklich alles sieht. Generell lässt sich dazu erst einmal Folgendes sagen:

Wer mit dem Flugzeug fliegt, darf bestimmte Dinge nicht mit an Bord nehmen: Waffen, Sprengstoffe oder auch brennbare Flüssigkeiten darf kein Fluggast dabei haben, denn das kann in der Luft gefährlich werden. Leider halten sich nicht alle Fluggäste an diese Vorschrift. Daher gibt es an jedem Flughafen Sicherheitsbeamte, die solche Menschen entdecken sollen. Dazu untersuchen sie jeden einzelnen Passagier, bevor er in das Flugzeug steigen darf, und tasten ihn nach Gegenständen ab, die er vielleicht unter der Kleidung versteckt hat. Das dauert oft sehr lange. Wenn ihr schon einmal geflogen seid, werdet ihr das kennen.

Mit einem „Nacktscanner" hingegen geht das Untersuchen schneller. Denn der kann durch Kleidung hindurch schauen und somit erkennen, ob jemand verbotene Dinge vor den Augen des Sicherheitsbeamten verstecken will. Leider kann das Gerät aber nicht überall hindurch sehen: Leichte Bekleidung, Papier, Holz und ähnliche Materialien sind kein Problem, die sind für ihn durchsichtig. Metalle, dicke Ledermäntel, Flüssigkeiten oder selbst die menschliche Haut sind für den „Nacktscanner" jedoch genauso undurchsichtig wie für unser Auge. Er sieht also mehr als unser Auge, aber alles sieht auch er nicht.

Wenn ihr selbst einen einfachen „Nacktscanner" bauen wollt, dann lest euch meine Anleitung dazu durch, ich hab sie an die E-Mail angehängt.

Ihr könnt mir ja schreiben, ob das Experiment geklappt hat.

Es grüßt euch herzlich

René Beigang

 „Nacktscanner" zum Selbstbauen

 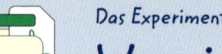

Was sieht ein „Nacktscanner" eigentlich wirklich?

„Nacktscanner" zum Selbstbauen

Der Mensch kann das „Licht" eines „Nacktscanners", das die Kleidung durchdringt, nicht direkt sehen, sondern er braucht technische Unterstützung, damit er dieses „Licht" sichtbar machen kann. Wie das funktioniert, kannst du mit einer 3-D-Brille ausprobieren, die zwei unterschiedlich farbige Gläser hat. Das rechte Glas ist Türkis (richtig nennt man diese Farbe Cyan) und soll die Farben durchlassen, die wir mit unserem Auge sehen können. Das linke rote Glas ist für die nicht sichtbaren Strahlen des „Nacktscanners" gedacht.

Du brauchst:
3-D-Brille mit zwei unterschiedlich farbigen Gläsern
1 Blatt dickes Papier
1 Blatt weißes Papier
Dicker schwarzer Stift
Schere
1 kleines Stück rote durchsichtige Kunststofffolie, z.B. die rote Folie aus einer zweiten 3-D-Brille
1 kleines Stück Aluminiumfolie

So geht's:

Schneide aus starkem Papier eine Augenklappe aus, die du sowohl über das linke als auch über das rechte Brillenglas der 3-D-Brille setzen kannst. Zeichne mit einem dicken schwarzen Stift die Umrisse eines Menschen auf ein weißes Blatt Papier und schneide die Figur aus. Nun brauchst du noch etwas, was man nicht mit ins Flugzeug nehmen darf: z. B. eine kleine Pistole, die du aus der Pappe ausschneidest und schwarz anmalst. Zum Schluss schneidest du aus der roten durchsichtigen Kunststofffolie einen Pullover aus, den du der Pappfigur „anziehen" kannst.

Setze jetzt die Brille auf und schiebe die Augenklappe über das linke rote Glas. Du siehst die Welt so, wie man sie ohne das „unsichtbare" Licht des „Nacktscanners" sieht, wenn auch etwas bläulich. Lege nun die Pappfigur vor dir auf den Tisch und lege ihr die Pistole auf den Oberkörper. Du kannst die Pistole natürlich klar sehen. Um sie zu verstecken, „ziehst" du der Pappfigur den roten Pullover an, du legst also die rote Folie auf die Figur über die Pistole. Jetzt ist die Pistole durch das türkisfarbene Brillenglas nicht mehr zu sehen. Als nächstes schaust du dir die Pappfigur mit dem linken Auge an (das in unserem Experiment das „unsichtbare" Licht des „Nacktscanners" sehen kann), indem du die Klappe von links nach rechts verschiebst. Plötzlich ist die Pistole wieder zu sehen. Was für unser normales Licht undurchsichtig ist, kann vom „Licht" des „Nacktscanners" ohne Problem durchdrungen werden.

Du kannst aber auch zeigen, dass nicht alles „durchsichtig" ist für das Licht des „Nacktscanners". Wenn du ein Stück Aluminiumfolie (gerade etwas größer als die Pistole) über die Pistole legst und dann der Pappfigur den Pullover anziehst, kannst du die Pistole nicht mehr sehen – weder mit dem linken noch mit dem rechten Auge. Das Einzige, was noch sichtbar ist, ist der Umriss der Alu-Folie. So kann man Dinge auch in einem richtigen „Nacktscanner" verstecken.

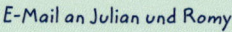
Wie lässt sich ein Auto mit Müll antreiben?

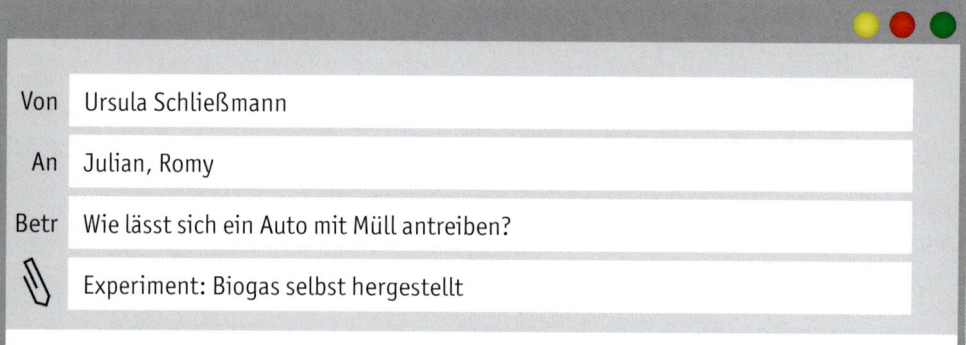

Von	Ursula Schließmann
An	Julian, Romy
Betr	Wie lässt sich ein Auto mit Müll antreiben?
📎	Experiment: Biogas selbst hergestellt

Lieber Julian,

du wolltest wissen, wie man aus Müll Treibstoff für Autos machen kann.

Die meisten Autos fahren mit Benzin oder Diesel. Beides wird aus Erdöl gewonnen. Die Erdölreserven auf der Erde sind aber irgendwann verbraucht. Wir suchen daher nach Möglichkeiten Erdöl zu ersetzen. Es gibt heute schon Fahrzeuge, die statt Benzin Erdgas nutzen. Erdgas gehört aber, genau wie Erdöl, zu den fossilen Rohstoffen, die vor Jahrmillionen auf der Erde aus abgestorbenen Pflanzen und Tieren entstanden sind – und eben irgendwann zu Ende gehen.

Biogas ist neben Wasserkraft, Wind- und Sonnenenergie eine der wichtigsten erneuerbaren Energien. Es ist dem Erdgas ganz ähnlich: Beide bestehen hauptsächlich aus Methan, einem leicht brennbaren Gas. Biogas entsteht, wenn man Pflanzenteile vergärt, zum Beispiel Abfälle wie Kartoffelschalen oder Obstreste. Dabei machen sich – wenn man den Sauerstoff aus der Luft ausschließt – verschiedene Bakterien über die Biomasse her. Die ersten, die zum Zuge kommen, bilden Zucker, Alkohol und organische Säuren. Die nächsten wandeln diese Verbindungen in Essigsäure um. Die letzten Bakterien in der Nahrungskette nehmen Essigsäure auf und produzieren Biogas – ein Gemisch aus zwei Dritteln Methan und einem Drittel Kohlendioxid.

Die Forscher wollen Biogas auch zum Autofahren nutzbar machen. Dazu sammeln sie Abfälle vom Markt. Die Obst- und Gemüsereste werden zerkleinert, vorbereitet und in einen zentralen Vergärungsreaktor gepumpt. Hier dürfen sich dann die Methanbakterien über den Brei hermachen und Biogas erzeugen.

Und wie kommt das Biogas in die Autos? Dazu muss es noch gereinigt werden: Man entfernt Schwefel, trocknet und filtert das Gas. Dabei wird auch der Großteil des Kohlendioxids abgetrennt. Das gereinigte Methan kann nun als Kraftstoff Erdgasfahrzeuge antreiben.

Du kannst Biogas auch ganz einfach selbst herstellen. Lies mal, was ich dir im Anhang dazu aufgeschrieben habe.

Liebe Grüße von

Ursula Schließmann

 Biogas selbst hergestellt

Biogas selbst hergestellt

So geht's:

Fülle die Küchenabfälle, den zerkleinerten Brühwürfel und die Erde in die Flasche und mische das
Ganze gut durch. Gib so viel warmes Wasser dazu,
bis die Flasche halb gefüllt ist. Dann gib den Zucker hinzu. Ziehe den Luftballon über den Fla-
schenhals, sodass die Öffnung luftdicht abgeschlossen ist. Stelle die Flasche an einen warmen
dunklen Platz und warte drei Tage ab. Dann müsste
sich der Ballon aufgebläht haben. Wenn nicht,
warte noch mal zwei Tage.

Du brauchst:

200 g klein geschnittene Küchenabfälle (Kartoffelschalen,
Gemüseabfälle, Salatblätter)

5 Esslöffel Erde

etwas warmes Wasser

1/2 Brühwürfel

1 Teelöffel Zucker

1 Trichter

1 Plastikflasche

1 Luftballon

und ein paar Tage Geduld ☺

Was steckt dahinter?

Bakterien zersetzen die Biomasse. Dabei entsteht Biogas das sich im Luftballon sammelt.

Biogasanlage

Warum weiß das Pflaster, ob eine Wunde heilt?

Von	Prof. Dr.-Ing. Karlheinz Bock
An	Julian, Romy
Betr	Warum weiß das Pflaster, ob eine Wunde heilt?
📎	Experiment: Das intelligente Pflaster zum Sprechen bringen

Lieber Julian,

du wolltest wissen, wie das mit dem intelligenten Pflaster funktioniert, das dir letztens deine Mutter auf die Schürfwunde geklebt hat. Ich hoffe natürlich, deine Wunde ist inzwischen verheilt. Manchmal dauert es ja etwas länger, wenn die Wundheilung durch Bakterien gestört wird.

Und das ist auch schon der wichtigste Punkt: Bakterien gibt es fast immer und überall, natürlich auch auf der Haut. Normalerweise sind sie eher nützlich als schädlich, aber wenn die Haut verletzt ist, können sie eine Infektion der Wunde verursachen und dann wird die Heilung behindert.

Das neue Pflaster bemerkt, wenn sich die Bakterien zu stark vermehren, denn dann zerstören sie den Säureschutzmantel der Haut und das lässt sich messen. Die Wissenschaftler haben in das Gewebe des Pflasters einen Farbindikator eingelagert, der von Gelb auf Violett umschwenkt, wenn der Säuregehalt der Haut deutlich abnimmt. Im Ergebnis siehst du also an der violetten Farbe des Pflasters, dass die Wundheilung durch Bakterien gestört ist. Dann kann man gleich reagieren: Das Pflaster entfernen und die Wunde säubern, desinfizieren und neu verbinden.

Die Forscher denken sich noch viele weitere neue Eigenschaften für Pflaster aus. Man könnte sie zum Beispiel mit Wirkstoffen versehen, die in winzigen Kügelchen verpackt sind und nach Bedarf freigesetzt werden. So ließe sich mancher Verbandwechsel sparen, der ja nicht unbedingt angenehm für den Patienten ist.

Das intelligente Pflaster für deine Schürfwunde ist also nur der Anfang der Entwicklung.

Liebe Grüße von

Karlheinz Bock

 Experiment: Das intelligente Pflaster zum Sprechen bringen

Warum weiß das Pflaster, ob eine Wunde heilt?

Das intelligente Pflaster zum Sprechen bringen

So geht's:

Nimm die komplette eingeklebte Folie aus dem Buch.

Willst du die Farbe der Folie ändern, dann halte sie zuerst unter Wasser.

Ist der runde Fleck auf der Folie gelb, dann ist er sauer.

Gib etwas Waschpulver darauf, verreibe es auf dem Fleck mit deinem Finger: Der Fleck wird violett.

Ist der Fleck violett, ist er basisch. Gib etwas Zitronensaft darauf, dann wird die Farbe Gelb.

Zusammen mit deinen Eltern kannst du auch untersuchen, was basisch und was sauer ist: Probier's doch mal mit Apfelsaft.

Bei dem Pflaster ist das dann so: Färbt es sich violett, dann ist der pH-Wert basisch, weil Bakterien in der Wunde sind.

Du brauchst:
Die beigelegte Folie
Etwas Waschmittel
Etwas Zitronensaft

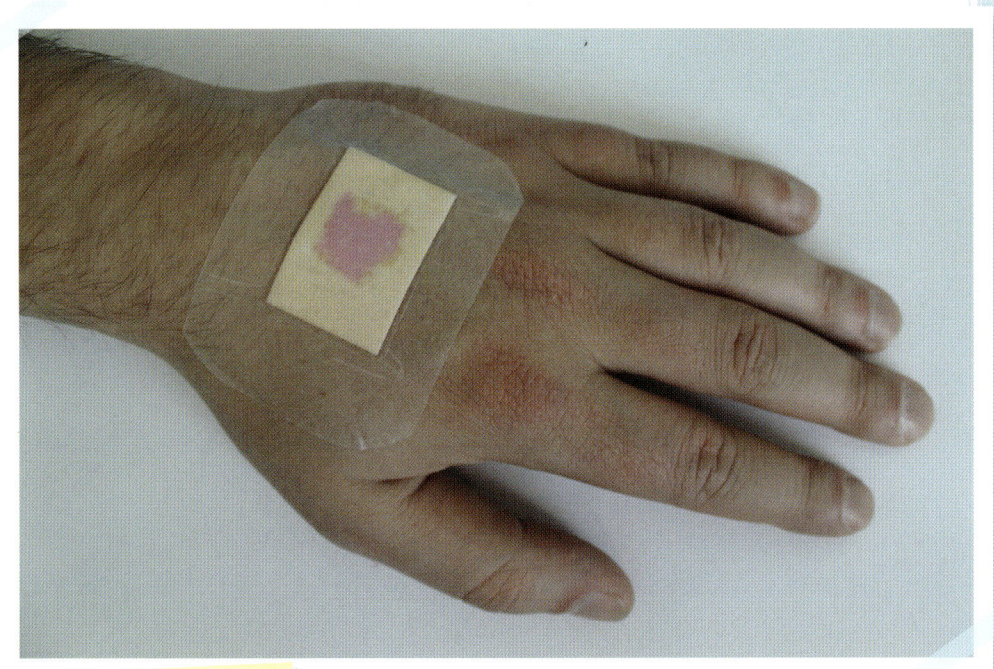

Autsch.

157

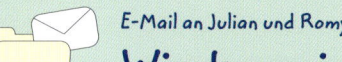

Wie kann ich den inneren Schweinehund überlisten?

Von	Prof. Dr. Jakob Rehof
An	Julian, Romy
Betr	Wie kann ich den inneren Schweinehund überlisten?
✎	

Liebe Romy,

wie du bestimmt auch schon gemerkt hast: Das ist gar nicht so leicht! Es erfordert eine Menge Disziplin und Willensstärke etwas zu machen, obwohl du das eigentlich gar nicht möchtest. Da hilft es, wenn du nicht alleine gegen das „Faultier" in deinem Kopf ankämpfen musst. Wie das geht? Ganz einfach! Erzähle Freunden und Bekannten von dem, was du dir vorgenommen hast. Dann ist es leichter bei der Stange zu bleiben, denn deine Freunde werden dich nach einiger Zeit sicher fragen, ob du dein Ziel schon erreicht hast. Und du willst sie ja nicht enttäuschen!

Manchmal gibt es aber keine Freunde oder Familienmitglieder, die dein Problem verstehen. Das ist zum Beispiel so, wenn Menschen eine seltene Krankheit haben, die sonst niemand in ihrer Umgebung hat. Diese Menschen können sich zum Beispiel über das Internet oder ihr Handy andere Menschen suchen, denen es genauso geht und die ihnen Mut machen können – eine Art „Facebook" für Menschen mit der gleichen seltenen Krankheit. Internet oder Handy können aber noch mehr als „Leidensgenossen finden": Spezielle Programme können dir helfen, dich selbst dabei zu überprüfen, wie gut du mit der Krankheit umgehst, indem du zum Beispiel einträgst, wann du was gemacht hast. Es gibt auch Sensoren, die dein Verhalten messen (zum Beispiel wie oft du dich bewegt hast) und die Information an das Programm schicken können. Natürlich solltest du solche Informationen über dich nicht irgendwo im Internet aufschreiben, sondern auf speziellen Internetseiten, die beispielsweise von einem Krankenhaus oder einer Selbsthilfegruppe betrieben werden. Wenn du auf diese Weise dein „Tagebuch" ausgefüllt hast oder die Sensoren ihre Daten geschickt haben, kann ein Arzt sich anschauen, ob mit dir alles in Ordnung ist. Wenn es dir schlecht geht, kann er Hilfe organisieren. Oder aber er kann dir ein Lob schicken, wenn du besonders tapfer warst.

Aber nicht nur für Krankheiten, sondern auch für deinen Alltag können solche Gruppen im Internet helfen, denn dort kannst du auch Lernhilfen finden, die ganz individuell auf dich abgestimmt sind (zum Beispiel Antolin für Grundschüler, die lesen lernen, oder die KHAN Academy mit Wissensvideos rund um Mathematik, Physik, Finanzen und Geschichte).

„Gemeinsam sind wie stark" – das gilt eigentlich immer im Leben. Und ganz besonders dann, wenn man eine schwere Aufgabe vor sich hat und den inneren Schweinehund überwinden muss, um sich aufzuraffen.

In diesem Sinne: Viel Spaß beim gemeinsamen Anfangen!

Jakob Rehof

Den Code entschlüsseln

Um den Text lesen zu können, musst du den Code kennen, mit dem Ekuam ihn verschlüsselt hat. Das ist immer die Voraussetzung: Beide benötigen dieselbe Codetafel. Es gibt einfache Codes, zum Beispiel den Zahlencode. Hier steht eine Zahl für einen Buchstaben:

A = 1, B = 2, C = 3, D = 4, E = 5 und so weiter für das gesamte Alphabet bis Z = 26.

Dann weißt Du jetzt also was das heißt:

1 2 5 14 20 5 21   13 1 3 8 5 14   19 16 1 19 19
(Abenteuer machen Spaß)

Ekuam hat sich bei seiner Nachricht mehr Mühe mit dem Chiffrieren, so nennt man das Verschlüsseln von Texten und Nachrichten gegeben.

57 36 45 66– 69 66 39 – 60 66 60
66 39 24 21 78 39 69 – 78 39 – 69
66 27- 60 66 12 54 24 24 66 39 –
24 21 66 45 45 66 – 78 42- 15 66
27 66 54 39 75 78 27 21 66 39 –
21 78 60 – 66 48 18 78 42

Finde den Code und du kannst Ekuams Mail lesen.

Der Code beginnt bei Z mit 3 und geht dann im 3er-Rhythmus weiter:

Z = 3	X = 9	B = 75
Y = 6	...	A = 78

Freundschaftsbuch

Das bin ich:

Philipp & Katharina
_____
Mein Vorname

Lohse
_____
Mein Nachname

Kathi
_____
Mein Spitzname

46 39	183 165cm	braun blond	braun grün
Alter	Größe	Haarfarbe	Augenfarbe

Philipp: Karate und Krimis lesen   Kathi: Joggen, telefonieren
_____
Hobbies

Philipp: alles was süß ist   Kathi: Rosenkohl und Kartoffeln
_____
Lieblingsessen

Philipp: Katze   Kathi: Hund
_____
Lieblingstier(e)

Philipp: blau   Kathi: pink
_____
Lieblingsfarbe

Wissenschaftler   Wissenschaftlerin
_____
Beruf

Wie stellst du dir Frau Zimatschek vor? Fülle ihre Freundschaftseite aus:

Martina

Vorname

Zimatschek

Nachname

Spitzname

Alter   Größe   Haarfarbe   Augenfarbe

Hobbies

Lieblingsessen

Lieblingstier(e)

Lieblingsfarbe

Beruf

163

Das bin ich:

Kyrill

Mein Vorname

Romanow

Mein Nachname

Mein Spitzname

60	*178*	*rot*	*grün*
Alter	Größe	Haarfarbe	Augenfarbe

aus Altem Neues machen

Hobbies

Borschtsch

Lieblingsessen

Bär

Lieblingstier(e)

rot

Lieblingsfarbe

Hausmeister

Beruf

Das bin ich:

Roberta
Vorname

Nachname

Robertachen
Spitzname

2
Alter

50 cm
Größe

keine
Haarfarbe

wechselnd
Augenfarbe

Menschen helfen
Hobbies

Batterien
Lieblingsessen

Ameisen
Lieblingstier(e)

alle außer schwarz
Lieblingsfarbe

Assistentin
Beruf

Das bin ich:

Oswald Eduard

Mein Vorname

Professor Doktor Mauke

Mein Nachname

Professor

Mein Spitzname

47	*verrate ich nicht*	*schwarz*	*schwarz*
Alter	Größe	Haarfarbe	Augenfarbe

Motorboot fahren, Inseln kaufen, alles was viel Geld kostet

Hobbies

Rinderfilet (blutig)

Lieblingsessen

Mäuse, Spinnen

Lieblingstier(e)

schwarz

Lieblingsfarbe

Professor Doktor

Beruf

Das bin ich:

Joscha
Vorname

Tentrup
Nachname

Joschi
Spitzname

21	1,80	braun	braun
Alter	Größe	Haarfarbe	Augenfarbe

Basketball, Videospiele
Hobbies

Schnitzel mit Pommes
Lieblingsessen

Fische
Lieblingstier(e)

grün
Lieblingsfarbe

Student und wissenschaftliche Hilfskraft
Beruf

167

Dir macht Wissenschaft Spaß? Dann findest du noch mehr spannende Themen, Experimente und Spiele unter:

www.fraunhofer.de/Kinderseiten